AULA 2

Complemento de gramática y vocabulario

AULA 2 A2

CURSO DE ESPAÑOL NUEVA EDICIÓN

Complemento de gramática y vocabulario

Autora: Sandra Becerril

Supervisión pedagógica: Pablo Garrido

Coordinación editorial y redacción: Pablo Garrido

Corrección: Alicia Crespo

Diseño: Besada+Cukar

Ilustraciones: Alejandro Milà **excepto:** Roger Zanni (pág. 17)

Fotografías: unidad 1 pág. 6 Anna Domènech, pág. 7 Lisa F. Young/Dreamstime, Saul Tiff; **unidad 2** pág. 8 Soyazur/ Istockphoto, pág. 10 Viktord50/Dreamstime; **unidad 3** pág. 14 Alexsalcedo/Dreamstime, Radu Razvan/123rf, Alexandre Miguel Da Silva Nunes/Dreamstime, Ljupco Smokovski/Dreamstime, pág. 15 Andrés Rodríguez/Dreamstime, Hongqi Zhang (aka Michael Zhang)/Dreamstime, Belinka/Dreamstime, David Castillo Dominici/Dreamstime, Matthias Ziegler/Dreamstime, Sam74100/Dreamstime; **unidad 6** pág. 25 Lunamarina/Dreamstime, Candybox Images/Dreamstime, pág. 26 Soleilc/ Dreamstime, Alexbestoloci/Dreamstime, Stoyan Haytov/Dreamstime, Andrey Dybrovskiy/Dreamstime; **unidad 7** pág. 28 Gresei/Dreamstime, Lext/Dreamstime, Dalibor Sevaljevic/Dreamstime, arnau2098/Fotolia, Richard Griffin/Dreamstime, lacocinadelechuza.com, Neirfy/Dreamstime, pág. 30 Arenacreative/Dreamstime; **unidad 9** pág. 36 Dirima/Dreamstime, pág. 37 Atholpady/Dreamstime, pág. 39 Andrés Rodríguez/Dreamstime, R. Gino Santa Maria / Shutterfree, Llc/Dreamstime, Paul Hakimata/Dreamstime, Nyul/Dreamstime, Artur Bogacki/Dreamstime, Suljo/Dreamstime

Agradecimientos: Agustín Garmendia

© La autora y Difusión, S.L. Barcelona 2014
ISBN: 978-84-15846-50-5
Depósito legal: B 6077-2014
Reimpresión: octubre 2018
Impreso en España por Gómez Aparicio

MIXTO
Papel procedente de fuentes responsables
FSC™ C134275
www.fsc.org

difusión

Centro de Investigación y Publicaciones de Idiomas, S. L

C/ Trafalgar, 10, entlo. 1ª
08010 Barcelona
Tel. (+34) 93 268 03 00
Fax (+34) 93 310 33 40
editorial@difusion.com

www.difusion.com

ÍNDICE

GRAMÁTICA

1. Conjuga los siguientes verbos en presente de indicativo.

tú	querer	quieres
ella	poder	puede
nosotros	pedir	pedimos
yo	conocer	conozco
ellos	decir	dicen
vosotros	vestirse	os vestís
yo	traducir	traduzco
él	pensar	prensa
tú	entender	entiendes
vosotros	volver	volvéis

yo	acordarse	se acuerdo
ellos	conducir	conducen
nosotros	servir	servimos
tú	ir	vas
yo	tener	tengo
ellos	sentirse	se sienten
ella	ser	es
yo	estar	estoy
ellos	acostarse	se acuestan
él	cerrar	crerra

2. Denis se compara con un compañero de su clase de español. Completa con las formas adecuadas de los verbos en negrita.

1. Tú **haces** muchos ejercicios de gramática.
   Yo .....hago..... muy pocos.

2. Tú **pones** mucha atención en la clase.
   Yo .....pongo..... menos.

3. Tú **sales** siempre como voluntario en la clase.
   Yo no .....salgo..... nunca.

4. Tú **sabes** muchas palabras.
   Yo ~~traigo se~~ ..... muy pocas.

5. Tú **traes** siempre los deberes hechos.
   Yo no los .....traigo..... nunca.

6. Tú **ves** muchas películas en español.
   Yo .....veo..... muy pocas.

7. Tú **traduces** muchas cosas.
   Yo no .....traduzco..... nada.

8. Tu **conoces** muchos personajes famosos hispanos. Yo
   no .....conozco..... ninguno.

3. Ana nos habla de sus hábitos cotidianos y los de su familia. Completa las frases.

1.

Por las mañanas, mis padres ...se... levant...an... primero. Mi hermana y yo ...nos... levant...amos... más tarde que ellos. Por las noches, nosotras ...nos... acost...amos... antes. Mi madre siempre ...se... acuest...a... la última.

2.

Mis padres ...se... duch...an... por las mañanas, pero yo normalmente ...me... duch...o... por las noches. Por las mañanas, solo ...me... lavo la cara y los dientes antes de ir al colegio. Luego ...me... vist...o... y desayun...o...

3.

Los fines de semana todos ...me... acost...o... un poco más tarde y ...me... levant...o... también más tarde.

4. Completa con el interrogativo adecuado. Si quieres, puedes responder a las preguntas.

qué	por qué
dónde	cuál
cómo	quién

1. ¿ *Porque* estudias español: por tu trabajo, para viajar…?

2. ¿ *Donde* lo estudias: en una escuela de idiomas, en la universidad…?

3. ¿ *Como* aprendes mejor: con ejemplos, con explicaciones de gramática…?

4. ¿ *Cuál* es tu actividad preferida en la clase?

5. ¿ *Qué* haces para recordar lo que aprendes?

6. ¿Hablas español fuera de la clase? ¿Con *Quien* ?

5. Completa las formas verbales en presente. Fíjate en las terminaciones para saber de qué persona se trata.

1. ¿P____d**es** abrir la ventana, por favor?

2. ¿V____lv**emos** a casa?

3. No qu____r**o** levantarme temprano.

4. No ent____nd**en** alemán.

5. ¿Qué p____ns**as** de este tema?

6. ¿P____d**imos** la cuenta?

7. Me v____st**o** muy rápido: no necesito más de tres minutos.

8. ¿Os s____rv**o** el segundo plato?

9. ¿Qué d____c**ís**?

10. P____d**emos** estudiar por la tarde.

11. ¿A qué hora v____lv**en**?

12. No me ac____rd**o** de tu nombre, perdona.

13. ¿Qu____r**éis** ver una película española?

14. ¿Ent____nd**éis** al profesor?

15. P____ns**amos** mucho en las vacaciones.

16. Me p____d**en** más ejercicios de gramática.

17. ¿Nos v____st**imos** elegantes para la fiesta?

18. D____c**en** que tienen hambre.

6. Completa con la opción correcta. En algún caso hay dos opciones.

desde	hace mucho que
hace	desde hace
hace que	desde cuándo

1.
- ¿Cuánto tiempo _____ estudias español?
- _____ dos años.

2.
¿_____ vivís en Barcelona?
- No, no mucho. Solo _____ enero.

3.
- ¿_____ juegas al fútbol?
- _____ muchos años.

4.
- ¿Cuánto tiempo _____ trabajas en la misma empresa?
- Pues _____ el 2004.

5.
- ¿_____ no vas a Alemania?
- Pues _____ el 2008.

VOCABULARIO

7. Completa el texto con estas palabras.

vídeos
desordenados
reglas
pizarra
contexto

canciones
fluidez
notas
corrección
solo

¿Cómo aprendemos MEJOR?

No hay una sola forma de aprender: las personas pensamos, relacionamos y recordamos la información de maneras distintas. Los expertos hablan de "estilos de aprendizaje" y dicen que cada uno de nosotros tiene un estilo predominante.

DEPENDIENTE DE CAMPO O INDEPENDIENTE DE CAMPO

El estudiante independiente de campo es analítico. Cuando aprende idiomas se siente cómodo si conoce las (1) *reglas*. Le gusta planificar lo que va a hacer y, por lo general, es bastante autónomo. Además, cuando usa la lengua, le da mucha importancia a la (2) *corrección*
En cambio, el estudiante dependiente de campo aprende más por el (3) *~~solo~~ ~~contexto~~ contexto*. Para él no es tan importante conocer las reglas, prefiere ver ejemplos de uso de la lengua. Y le importa más tener (4) *~~notas~~ fluidez* que hablar correctamente.

VISUAL, AUDITIVO, CINESTÉSICO O TÁCTIL

El estudiante visual aprende más cuando lee, ve palabras escritas en la (5) *pizarra* o ve (6) *vídeos*.
Además, generalmente necesita tomar (7) *~~contexto~~ notas*: si no, le cuesta retener la información.
En cambio, el estudiante auditivo aprende más cuando escucha o habla. Por eso, le va bien escuchar al profesor, escuchar (8) *~~canciones~~ canciones* o textos orales y contar cosas a sus compañeros. El estudiante cinestético aprende mejor experimentando cosas: le va bien moverse por la clase, hacer juegos de rol o actividades físicas.
El táctil necesita hacer cosas con sus manos. A este tipo de estudiante le va bien recortar cosas, reconstruir textos (9) *desordenados*, hacer murales, etc.

GRUPAL O INDIVIDUAL

El estudiante con un estilo de aprendizaje grupal aprende y recuerda mejor la información nueva cuando trabaja con otras personas. En cambio, el estudiante individual prefiere trabajar (10) *~~fluidez~~ ~~contexto~~ solo*.

---

8. Completa con la preposición adecuada (**con, en, entre**) si es necesario.

- Tú hablas *con* chino, ¿verdad?
- Muy poco. Puedo saludar y decir algunas cosas. Pero cuando voy a China por trabajo, hablo *en* inglés .... todo el mundo.

- ¿ *En* qué lengua hablas *con* tu mujer?
- *En* español.
- Pues yo con mi mujer hablo *en* inglés y con mis hijas, *entre* polaco.
- Y tus hijas, ¿qué lengua hablan *con* ellas?
- Español.

9. Unos estudiantes de español hablan sobre el aprendizaje de lenguas. Completa las frases con las formas adecuadas de los verbos **ser** o **sentirse**.

1. Como .... un poco tímida, ... insegura cuando tengo que responder a las preguntas del profesor.

2. Al principio, cuando empiezo a estudiar una lengua .... entusiasmado, luego, cuando veo las dificultades, ... un poco frustrado.

3. Mis compañeros de clase dicen que .... muy divertido. Pero yo, a veces .... ridículo, sobre todo cuando pronuncio la erre.

4. No .... miedoso, me gustan los retos; pero, cuando hablo con nativos, siempre .... ansioso, ¿me entienden?

10. Lee las opiniones de dos estudiantes que hablan sobre el aprendizaje del español. ¿Qué tienen en común? Subraya las dos expresiones que significan lo mismo.

"Creo que hay idiomas más fáciles que otros. Y para mí, que soy italiano, el español es una lengua bastante fácil. Me lo paso bien en clase porque lo entiendo todo fácilmente."
Alessandro

"Yo normalmente me divierto mucho en clase. Creo que el profesor tiene que motivar a los estudiantes y crear un clima agradable. Eso es muy importante para aprender." **Pavel**

11. ¿Cómo se dice en tu lengua?

Me divierto mucho en clase.	
Me lo paso bien en clase.	

12. Completa la tabla.

DIVERTIRSE	PASÁRSELO BIEN
.... divierto	me lo paso
te diviertes	te .... pasas
....	se lo ....
nos divertimos	
os	lo pasáis
se	.... lo ....

13. Escribe **a** o **en** donde corresponda.

1. salir .... la pizarra

2. trabajar .... grupo

3. leer .... voz alta

4. buscar .... el diccionario

5. ver películas .... versión original

14. Completa con verbos y sustantivos.

VERBO	SUSTANTIVO
	la pronunciación
memorizar	
repetir	
traducir	
	la motivación
corregir	
escribir	

GRAMÁTICA

1. ¿Cuáles de estas formas están en presente (P) y cuáles en pretérito indefinido (I)?

1.	escribo	P	**9.**	conocéis	P
2.	cambió	I	**10.**	hace	P
3.	vimos	P	**11.**	fueron	I
4.	llamé	I	**12.**	cambian	P
5.	nace	P	**13.**	pasó	I
6.	queremos	I / P	**14.**	vemos	P
7.	hizo	I	**15.**	empezaron	I
8.	tuvimos	I	**16.**	quise	I

2. Completa estas frases con el verbo en pretérito indefinido o en pretérito perfecto. Si no hay sujeto, usa la primera persona del singular (yo).

1. Hoy (desayunar) *desayuné* mucho.

2. En las Navidades de 2013 (estar) *estuve* en los Alpes.

3. No (estar) *estuve* nunca en los Andes.

4. Anoche (cenar) *cené* muy poco.

5. Del 2000 al 2004 (vivir) *viví* en Estados Unidos.

6. El miércoles (ir) *fui* al médico.

7. (Estar) *estuve* en Rusia muchas veces.

8. Ana (casarse) *me casé* hace cuatro años.

9. Este año (empezar a) *a empecé* a estudiar árabe.

10. La semana pasada (ir) *fui* al cine.

11. El año pasado (hacer) *hice* un curso de cocina.

12. Juan (divorciarse) *me divorcié* dos veces.

13. Ayer (hacer) *hice* los deberes.

14. Últimamente no (hacer) *hice* los deberes.

3. Mira el curriculum de Nieves y completa las frases con **empezar** o **empezar a** en pretérito indefinido.

DATOS PERSONALES
Nombre: Nieves
Apellidos: Ruiz Camacho
DNI: 20122810W
Lugar y fecha de nacimiento: Salamanca, 12/06/1985

FORMACIÓN ACADÉMICA
2003 - 2007: Universidad de Salamanca. Grado en Lengua y literatura inglesas.
2006 - 2007: Estudiante Erasmus en Anglia University, Cambridge.
2008 - 2009: Universidad de París-Cluny (Francia). Máster en Traducción.

EXPERIENCIA PROFESIONAL
2006 - 2007: Camarera en The King's Pub (Gran Bretaña).
2008 - 2009: Profesora de español en París.
2010 - 2011: Traductora en la Editorial Barcana, Barcelona.
2012 - actualidad: Traductora en la ONU, Ginebra (Suiza).

IDIOMAS
Español: lengua materna.
Inglés: nivel avanzado (C2), oral y escrito.
Francés: nivel avanzado (C2), oral y escrito.
Alemán: nociones básicas (A1).

OTROS DATOS DE INTERÉS
Amplios conocimientos de informática y dominio de programas de edición.
Disponibilidad para viajar.

1. Nieves .... estudiar en la Universidad en 2003.

2. .... el Erasmus en 2006.

3. .... el Máster en Traducción en 2008.

4. .... trabajar como traductora en 2010.

4. Marca si los verbos en negrita están en presente o pretérito indefinido (ten en cuenta el contexto).

	PRESENTE	INDEFINIDO
1. Mi marido y yo **dormimos** mucho, casi siempre ocho o nueve horas.	X	
2. Aquellas vacaciones **dormimos** mucho, la verdad es que lo necesitábamos.	X	
3. Cambiamos el billete de avión. Ahora tenemos más tiempo para preparar el viaje.		X
4. ¿**Cambiamos** el billete de avión? No tenemos mucho tiempo para preparar el viaje.	X	
5. Hablamos de política. ¿Quieres darnos tu opinión?	X	
6. Hablamos de política toda la noche. Fue genial.		X
7. Abrimos una botella de vino, que hay que celebrar tu cumpleaños.	X	
8. Abrimos una botella de vino. Ana quiso celebrar su cumpleaños de forma especial.		X

5. Marca qué verbo se usa en cada caso: ¿**ser** o **ir**?

		SER	IR
1.	El estreno de la película **fue** un éxito.	X	
2.	Mi hermano no **fue** a verla.		X
3.	Mis hermanos y yo **fuimos** siempre los primeros de la clase.	X	~~X~~
4.	Mis hermanos y yo **fuimos** a un colegio bilingüe.		X
5.	Mis padres **fueron** a Suecia en 1970.		X
6.	Mis padres **fueron** muy deportistas en su juventud.	X	

VOCABULARIO

6. Aquí tienes algunos datos sobre una famosa película española. Completa con el verbo adecuado en presente o pretérito indefinido.

interpretar   estar basada en   narrar
rodarse   estrenarse

Lo imposible es una película española dirigida por Juan Antonio Bayona y (1)........................ en hechos reales. La película (2)........................ la historia de un matrimonio español y sus tres hijos que están pasando unas vacaciones en Tailandia cuando sucedió el tsunami del 2004. Naomi Watts y Ewan McGregor (3)........................ los papeles principales. La película (4)........................ en Alicante (España) y también en Tailandia, donde participaron más de 8000 extras. (5)........................ en octubre de 2012 y tuvo un gran éxito de público y crítica.

7. Todas estas palabras se refieren al mundo del cine. Clasifícalas en la columna adecuada.

actor/actriz
largometraje
terror
productor/-a
en versión original
cortometraje
subtitulada

director/-a
guionista
suspense
comedia romántica
acción
histórico

PROFESIONES	GÉNEROS	TIPOS DE PELÍCULAS

8. Lee la información sobre la vida de Margarita y completa las frases con los verbos y expresiones que faltan. Conjuga los verbos en pretérito indefinido.

Fecha de nacimiento
Madrid 1940

Estudios
1946-1954: Liceo Francés de Madrid
1954-58: IES Isabel la Católica, Madrid
1958-63: Ciencias Químicas, Universidad Complutense de Madrid
1964-1971: Doctorado, Universidad de Nueva York, EE.UU.

Trabajo
1972-1982: Profesora de Química en la Universidad Autónoma de Madrid
1983-2005: Profesora-investigadora en el Centro Superior de Investigaciones Científicas, Madrid

Vida familiar
1972: Boda con Jaime, compañero de estudios
1975: Hijo, Mario
1980: Divorcio de Jaime
1987: Nueva pareja, Damián

empezar a trabajar
pasar la infancia
hacer la carrera
jubilarse
tener un hijo

nacer
divorciarse
casarse
irse a
irse a vivir con

1. Margarita .... en Madrid en 1940.
2. .... en Madrid.
3. .... también en Madrid, en la Universidad Complutense.
4. En 1964 .... Nueva York, ciudad en la que vivió hasta 1971.
5. En 1972 .... como profesora de Química en la Universidad de Madrid.
6. .... en 1972, con un compañero de estudios.
7. .... , Mario, tres años después.
8. En 1980 .... de Jaime.
9. En 1987 .... su nueva pareja, Damián.
10. En 2005 ....

9. ¿En qué apartado de un currículum pondrías cada uno de estos datos?

1. Bachillerato en el Liceo Francés
2. Alicante, 15/07/1986
3. Licenciado en Humanidades (Universidad de Barcelona).
4. Árabe: nociones básicas.
5. Informática: creación de paginas web (HTML, Dreamweaver).
6. Carné de conducir
7. 2004-2006: relaciones públicas de La casa encendida, Madrid.
8. Máster en Gestión Cultural (Universidad Autónoma de Madrid).
9. 2001-2003: coordinador del Festival Internacional de Cine Documental de Madrid.
10. Inglés: nivel avanzado (C2) oral y escrito.
11. 2006-actualidad: responsable de comunicación del Festival de Cine de Málaga.

DATOS PERSONALES	
FORMACIÓN ACADÉMICA	
EXPERIENCIA PROFESIONAL	
IDIOMAS	
OTROS DATOS DE INTERÉS	

10. Subraya la opción correcta en cada caso.

El año pasado **fuiste / te fuiste** de casa de tus padres, ¿verdad?

- ¿**Fuiste / te fuiste** a la conferencia del profesor Antúnez?
- Sí que **fui / me fui**. Me gustó mucho.

3

- ¿A qué hora **fuistéis / os fuistéis** de casa de Álex?

11. Traduce estas frases a tu idioma.

Pasó todo el verano estudiando.	
Pasó dos años en un hospital.	
Pasaron un fin de semana en la playa.	

12. Lee estas frases y relaciona los verbos en negrita con su significado correspondiente.

1. ¿**Has quedado** con Diana este fin de semana?
2. Anoche **me quedé** en casa.

a. Ver a alguien, tener una cita.
b. No salir.

3. ¿**Saliste** con Pedro durante dos años, ¿verdad?
4. Anoche **salí** con Pedro a tomar algo.

a. Ir a un bar, a un restaurante, al cine...
b. Tener una relación amorosa.

13. Traduce a tu lengua las frases en las que aparecen los verbos **quedar** y **salir**.

1. ....
2. ....
3. ....
4. ....

GRAMÁTICA

1. Estos verbos tienen la misma irregularidad que **parecer** (**c** > **cz**). Completa la tabla.

INFINITIVO		1ª PERSONA DEL SINGULAR
agradecer	→	agradezco
conocer	→	*conozco*
conducir	→	conduzco
introducir	→	*introduzco*
traducir	→	traduzco
producir	→	*produzco*
aparecer	→	aparezco

2. Completa esta tabla con los posesivos que faltan.

	SINGULAR		PLURAL	
	MASCULINO	**FEMENINO**	**MASCULINO**	**FEMENINO**
(yo)	un amigo **mío**	una amiga *mía*	unos amigos *míos*	unas tías *mías*
(tú)	un libro *tuyo*	una tía **tuya**	unos libros *tuyos*	unas tías *tuyas*
(él/ella/usted)	un primo *suyo*	una prima *suya*	unos tíos ~~nuestros~~ *suyos*	unas tías *suyas*
(nosotros/as)	un tío *nuestro*	una tía *nuestra*	unos tíos *nuestros*	unas tías **nuestras**
(vosotros/as)	un primo **vuestro**	una prima *vuestra*	unos primos *vuestros*	unas primas *vuestras*
(ellos/ellas/ustedes)	un tío *suyos*	una tía *suyas*	unos tíos **suyos**	unas tías *suyas*

3. Completa con el posesivo adecuado.

1

- No conozco a aquel chico. ¿Tú lo conoces?
- Sí, es un amigo *mío*. Fuimos juntos a la universidad. Se llama Andrés.

2

- ¿Sabes esa prima ~~esa~~ *suya* que me presentaste el otro día? La vi ayer por la calle.
- ¿La hija de mi tía Rosi? Qué casualidad, ¿no?

3

- Luis, David, ¿quién es esa chica de verde? ¿La conocéis?
- Sí, es Carla, una amiga *mía*. La conocimos en Roma el año pasado.

4

- Ayer conocí a un profesor *mío*. Se llama Marcos.
- ¿Sí? He tenido clase con él esta mañana y no me ha dicho nada...

5

- Y esa señora, ¿quién es? Nunca la he visto.
- Es una tía *mía*. Es hermana de mi abuelo.

6

- Chicos, esos señores preguntan por vosotros. ¿Son conocidos *nuestros*?
- No, no los conocemos de nada.

7

- ¿Conoces a aquellos chicos? ¿Son amigos de Mario?
- Sí, son unos amigos *suyos*. Estudian juntos, creo...

8

- ¿Quiénes son esas dos chicas?
- Son unas amigas *mías*. Vamos juntas al gimnasio.

4. Completa estos diálogos con el demostrativo adecuado.

este   ese   aquel

A ver, ¿y quién es el que te gusta?

Este. Es guapísimo, ¿no?

¿El de la camisa de cuadros? Es Luis.

Mira, Nieves, *aquel* es Jacobo, mi primo.

Ah, hola, encantada.

Igualmente. Anabel me ha hablado mucho de ti.

Mira, *ese* chico de ahí es el novio de Marta.

¿Cuál?

¡Qué dices! El novio de Marta es *ese*, el que está en la pista de baile.

El rubio, el que está al lado de Fran.

VOCABULARIO

5. Fíjate en estas frases. ¿Cómo se dicen en tu lengua las palabras en negrita?

De carácter, soy responsable y un poco introvertida.	
Físicamente, soy alta y bastante fuerte.	

6. Completa con los verbos **ser**, **estar**, **tener** o **llevar**.

Me llamo Rafa y tengo 32 años. _Es_

fotógrafo y también escribo un blog sobre fotografía.

Está divorciado y no _tiene_

hijos. Vivo en Madrid, en un piso que comparto con

mi hermano. _Es_ bastante alto (casi

2 metros) y muy delgado. _Lleva_ el pelo

castaño, los ojos verdes y _tiene_ barba.

Quiero conocer a una chica de entre 30 y 35 años,

inteligente, simpática y con mucho carácter. Me gustan

las mujeres que _tiene_ una personalidad

muy fuerte.

7. Fíjate en el ejemplo y, después, escribe en letras las alturas y pesos de estas personas.

Altura: 1,92 cm
Peso: 88 kg

Mido uno noventa y dos y peso ochenta y ocho kilos.

1.
Altura: 1,65 cm
Peso: 62 kg

Mido uno sesenta y cinco y peso sesenta y dos kilos.

2.
Altura: 2,10 cm
Peso: 105 kg

Mido dos once y peso cien y cinco kilos.

8. Ahora, completa con tu información.

Altura: 6' 4''

Peso: 170 lbs

Mido seis y cuatro y peso cien y setenta pounds

9. Escribe qué relación de pareja tiene cada una de estas personas. Usa los verbos **estar**, **tener** o **salir**.

1. Leonor estuvo casada 43 años, pero su marido murió hace dos años y ahora vive sola.

....

2. Sara tiene marido.

....

3. Pablo estuvo casado, pero las cosas fueron mal y rompió con su mujer.

....

4. Rafael conoció a una chica hace un mes y está muy ilusionado. Parece que se entienden muy bien.

....

5. Michelle vive con una chica desde hace tres años. Están muy bien juntos y el matrimonio no entra en sus planes.

....

6. Verónica conoció a Pedro en la universidad y desde entonces han sido inseparables. Ahora están pensando en casarse.

....

10. Fíjate en las personas de la actividad anterior. ¿A quién corresponde cada una de estas descripciones?

1.	Tiene el pelo corto y gris.	*Leonor*
2.	Lleva barba.	*Pablo*
3.	Es mayor.	*Leonor*
4.	Es calvo.	*Rafael*
5.	Tiene el pelo rizado.	*Verónica*

11. Aquí tienes expresiones que se usan en cartas, correos electrónicos o postales de carácter informal y familiar. Marca cuáles son saludos y cuáles despedidas.

		SALUDOS	DESPEDIDAS
1.	Hola.	✓	
2.	¿Cómo va todo?	✓	
3.	¿Qué tal?	✓	
4.	Muchos besos.		✓
5.	¿Qué tal todo por ahí?	✓	
6.	Besos.		✓
7.	Hasta luego.		✓
8.	Un abrazo.	✓	✓
9.	Nos vemos.		✓
10.	¿Cómo estás?	✓	✓
11.	Muchos besos.		✓

GRAMÁTICA

1. Fíjate en qué opciones son más baratas o más caras para estudiar en España y completa las frases con **más ... que**, **menos ... que** o **tan ... como**.

> **Estudiar en España**
>
> **+ €**
> grandes ciudades
> centro
> vivir solo
> piso de alquiler
> restaurantes normales
>
> **- €**
> ciudades pequeñas
> afueras
> compartir piso
> residencia universitaria
> restaurantes universitarios

1. En las grandes ciudades los precios son .... altos .... en ciudades más pequeñas.

2. Vivir en las afueras no es .... caro .... vivir en el centro de la ciudad.

3. La mayoría de estudiantes comparten piso, es .... barato .... alquilar un piso solo.

4. Otra opción es una residencia universitaria; en general, cuestan .... un piso de alquiler.

5. Comer en los restaurantes universitarios es .... económico .... comer en restaurantes normales.

2. Lee estos datos y escribe frases comparando Madrid con Barcelona.

MADRID
Habitantes: 3 265 038 **Días de lluvia al año:** 59
Temperatura media: 15°C **Alquiler de pisos:** 10,8 €/m²
Metro: 12 líneas **Universidades públicas:** 7
Guarderías municipales: 55 **Visitantes extranjeros:** 4,66 millones **Hora de cierre de los bares:** 3.30

BARCELONA
Habitantes: 1 615 448 **Días de lluvia al año:** 55 días al año
Temperatura media: 15,6°C **Alquiler de pisos:** 10,8 €/m²
Metro: 9 líneas **Universidades públicas:** 6 **Guarderías municipales:** 95 **Visitantes extranjeros:** 8, 4 millones **Hora de cierre de los bares:** 2.30

1. ....

2. ....

3. ....

4. ....

5. ....

6. ....

7. ....

8. ....

9. ....

3. Fíjate en la ilustración y completa las frases con los recursos para ubicar.

debajo (de)
encima (de)
detrás (de)
delante (de)
entre
a la derecha (de)
a la izquierda (de)
al lado (de)
en el centro (de)

1. Hay una silla .... la mesa.

2. Hay una silla .... sofá.

3. .... la mesa hay un jarrón con flores.

4. Hay un cuadro .... el frigorífico y la cocina.

5. El frigorífico está .... cuadro.

6. La cocina está .... cuadro.

7. El microondas está .... sofá.

8. .... la habitación hay una televisión.

9. Hay una lámpara .... frigorífico.

10. Hay un cojín .... sofá.

4. Transforma las oraciones para no repetir el sustantivo (usa los posesivos).

1. El barrio donde vivo está bastante bien, pero **su barrio** es más tranquilo.

    ....

2. Mi casa es bastante grande y tiene mucha luz, pero **tu casa** es más moderna.

    ....

3. Me encanta tu sofá. **Mi sofá** está un poco viejo y quiero comprarme otro.

    ....

4. Esta terraza es muy grande. **Mi terraza** es más pequeña, pero hay menos ruido.

    ....

5. Mira, este es mi armario y este es **tu armario**. Puedes poner tu ropa aquí.

    ....

HOGAR, DULCE HOGAR

5. Conjuga los verbos **gustar**, **encantar** o **preferir** en presente. Escribe también los pronombres si es necesario.

1

- ¿(gustar) .... vivir solo?
- Sí, mucho. Compartí piso varios años, pero ahora (preferir) .... vivir solo.

2

- A mi mujer no (gustar) ....
  cocinar, pero a mí (encantar) ....
  Así que yo cocino y ella pone la lavadora.
- Pues en mi casa es al revés: mi mujer (preferir)
  .... cocinar.

3

- ¿Qué tal la nueva casa? (gustar)
  .... vivir en un pueblo?
- Pues sí. Los niños van en bici todo el día, tenemos aire puro, no hay ruido... A todos (encantar)
  ....

4

- A mis hijos (encantar) ....los animales. Tenemos un perro, diez peces y una tortuga.
- Pues a nosotros no (gustar) ....nada.

5

- A mi padre (encantar) ....
  las plantas. Tiene la terraza llena de macetas.
- Y a ti, ¿no (gustar) ....?
- ¿A mí? No, a mí no. No les presto ninguna atención.

6. Tres personas describen su casa. Completa con **es**, **está**, **tiene** o **da (a / al / a la)**.

1. Yo vivo en un ático. No ....
muy grande, ...unos 40m²,
pero ....muy luminoso.
...............................una habitación, salón,
cocina y baño. Es muy tranquilo porque no
...............................calle. ....en
un barrio céntrico, ...cerca de un mercado y de una biblioteca.

2. Nosotros vivimos en una casa. ....
preciosa. ....cuatro habitaciones,
salón, cocina con comedor, dos baños, garaje y un
trastero. También ....un jardín de
200 m². Por un lado, la casa ....una
calle muy tranquila, y por el otro ....
campo. ....en las afueras de un
pueblo y necesitamos el coche para ir a comprar.

3. Yo vivo en un estudio muy pequeño. Solo
...............................una habitación, cocina
americana y baño. ....en un edificio
antiguo pero ....todo reformado.
¿Inconvenientes? ....un cuarto
piso y no ....ascensor. ¿Ventajas?
...............................en el centro de la ciudad y
...............................bastante barato.

VOCABULARIO

7. Relaciona las dos columnas para formar expresiones que normalmente aparecen en anuncios de casas.

1.	chalé	**a.**	vistas
2.	garaje	**b.**	de dos plazas
3.	fantásticas	**c.**	de nueva construcción

4.	cocina	**a.**	con vistas
5.	balcón	**b.**	comunicado
6.	bien	**c.**	totalmente equipada

7.	listo	**a.**	antiguo
8.	a	**b.**	5 minutos de la playa
9.	edificio	**c.**	para entrar a vivir

8. Marca qué elemento no corresponde en cada serie.

1.	2.
recibidor	chalé
terraza	casa de campo
salón	trastero
ático	casa adosada

3.	4.
en perfecto estado	con calefacción
en el campo	con ascensor
en el centro	sin amueblar
a 5 minutos del centro	de metal

9. Escribe los nombres de las partes de una casa señaladas en el plano y encuéntralos en la sopa de letras.

1. C............................

2. L............................

3. B............................

4. S............................

5. H............................

6. B............................

```
N I O S J U F T Z Z D G I P I L K N B F
I F D L X T G P R A O K M C O C I N A M
V B G O J J L Z Q Q K U W Y X A G U Ñ Q
W F P Y F N M V M O B U R V C A L E O R
T U W A H Q I D B J E Y H V I G T M F J
R D D R W T E I F V F S I X T V I W U Q
E G G F Y O I V U Q D Y P R Q M Y X G S
Q R I F W F R Z X P D C O J O Y Q A V K
L T Y E V L N M N I A U Q C Z H O S Z F
H F O T Z A E N Y N R K J R B K R B K N
K I X A S V P H L H O A L S S Z T A S J
C H T C Q A J R S R H W F C K L B L X W
R E C C H N L Q F K J I K X J Z E C F M
M J P T C O L Ó O Q Z V P I M X T Ó K G
Z B M Z M R K J N G G P T I H T N N M L
F X M G S U F U Q F P Q Q X L C N N T X
D H G G B A A R V D Y W W I Y U N L X Y
O T L A V A D E R O W S A T X W D J N P
U A X O V U V C T L B I O T K A E M L K
U H A B I T A C I Ó N Q T W E B J R T T
```

GRAMÁTICA

1. Completa esta tabla con las formas de los gerundios regulares.

	GERUNDIOS REGULARES		
	-ar > -ando	-er > iendo	-ir > -iendo
esperar			
comer			
salir			
estudiar			
querer			
hacer			
jugar			
tener			
empezar			

2. Completa esta tabla con los gerundios irregulares.

	GERUNDIOS IRRREGULARES		
	~~vocal + iendo~~ vocal + **yendo**	e > i	o > u
decir			
ir			
leer			
caer			
vestir			
sentir			
preferir			
venir			
morir			
dormir			

3. Completa con los verbos en presente o **estar** + gerundio. Marca en qué casos son posibles las dos opciones.

1. Normalmente (yo, ir) .... al trabajo en metro, pero estos días (ir) .... en autobús.

2. ¿Mi padre? Ahora mismo (cocinar) .... una paella.

3. (yo, esperar) .... a Antonio, que tiene que llegar en cualquier momento.

4. Este fin de semana tenemos que descansar, (nosotros, trabajar) .... mucho últimamente.

5. ¿Sandra? Ahora no se puede poner al teléfono, (ella, ducharse) ....

6. Sara (cantar) .... en un grupo de folk.

7. ¿Pero quién llama a estas horas? ¡(nosotros, dormir) ....!

8. Perdona, que te moleste. ¿(tú, dormir) ....?

9. Verónica (vestirse) .... siempre muy elegante.

10. ¿Qué (tú, leer) .... últimamente?

11. ¿Qué (ellos, construir) .... delante de tu casa?

12. Mi hermano (trabajar) .... de camarero de una discoteca, pero, en realidad, es actor.

13. Perdona, pero ahora mismo no puedo hablar contigo. Lo siento, es que (yo, comer) ....

4. Completa la tabla con las formas correspondientes del verbo **poder**.

	PRESENTE	CONDICIONAL
(yo)	puedo	
(tú)		podrías
(él, ella, usted)	puede	
(nosotros/as)		podríamos
(vosotros/as)		podríais
(ellos/as, ustedes)	pueden	

5. Completa estas frases poniendo el verbo en presente o en pretérito perfecto.

1.
- ¿Quieres venir mañana a cenar a mi casa?
- No puedo, lo siento. Es que (tener) .... una cena en casa de mis padres.

2.
- Llegas muy tarde. ¿Qué ha pasado?
- Es que el tren (llegar) .... tarde. Lo siento.

3.
- ¿Me dejas 20€?
- Lo siento, es que no (coger) .... la cartera y no (llevar) .... dinero.

4.
- ¿Por qué no me has llamado? Estaba muy preocupado.
- Lo siento, es que (perder) .... el teléfono...

VOCABULARIO

6. Completa con el verbo adecuado en cada caso (siempre en presente de indicativo).

dar
pasar
prestar
tener
poner

1.

• Santi, perdona, ¿me .... un bolígrafo?

○ No... Lo siento. Solo he traído el mío.

2.

• Mamá, ¿me .... el agua, por favor?

○ Sí, toma, cariño.

3.

• Camarero, por favor, ¿me .... otro café?

○ Por supuesto. Ahora mismo.

4.

• Vamos a ir a esquiar el fin de semana. ¿Me .... tu equipo de esquí?

○ Sí, claro, no hay problema.

5.

• ¡Tienes caramelos! ¿Me .... uno?

○ Claro, toma.

7. ¿Cómo pides estas cosas en las siguientes situaciones?

1. En un bar. Quieres una botella de agua.

2. En clase (a un compañero). Necesitas papel para escribir.

3. En un restaurante (a un compañero de trabajo). Necesitas sal. Hay en la mesa, pero no está cerca de ti.

4. En un restaurante (al camarero). Necesitas sal. No hay en la mesa.

5. En casa de un amigo. Ves un libro que te gusta mucho y lo quieres leer.

8. Traduce a tu lengua las siguientes peticiones.

1. ¿Le importaría avisarme en mi parada?

2. ¿Podría decirme dónde está el ambulatorio?

3. ¿Te importa bajar la música?

4. Joven, ¿puede ayudarme con el carro de la compra, por favor?

9. Muchas veces, en los saludos y despedidas se usan fórmulas fijas. Relaciona los elementos de las dos columnas para obtener modelos de este tipo de intercambios.

1. Adiós, y recuerdos a su familia.

2. ¿Cómo va todo?

3. ¡Hasta luego!

4. Me alegro mucho de verla. ¡Cuánto tiempo!

5. Un abrazo muy fuerte a su hija.

a. Bien, bien, no me puedo quejar.

b. Igualmente. Y un abrazo a su mujer.

c. Sí, yo también.

d. Adiós. Nos vemos.

e. De su parte.

10. Traduce a tu lengua los intercambios de la actividad anterior.

1. ....
....

2. ....
....

3. ....
....

4. ....
....

5. ....
....

11. Traduce estas expresiones a tu lengua. ¿El verbo **hacer** se traduce igual en todos los casos?

hacer régimen	
hacer cordero asado	
hacer la cama	
hacer deporte	
hacer la compra	
hacer los deberes	
hacer fotos	

12. Escribe qué hacen los hablantes en cada caso.

pedir dinero   pedir permiso
pedir algo prestado   pedir algo en un bar
pedir un favor   pedir información
pedir disculpas

1.	Por favor, ¿sabe dónde está la biblioteca?	
2.	Lo siento mucho, no me acordé de tu cumpleaños. De verdad que lo siento...	
3.	Hoy tengo una cena. ¿Podrías dejarme tu bolso dorado? Es que yo no tengo ninguno tan elegante.	
4.	¿Podrías venir a regar las plantas de mi piso?	
5.	Mamá, por favor, solo necesito 10€, de verdad.	
6.	¿Me pone un café con leche, por favor?	
7.	¿Te importa si apago el aire acondicionado? ¡Tengo un frío...!	

GRAMÁTICA

1. Imagina que son las 23.30 h. Esto es todo lo que ha hecho Edu hoy. Escríbelo.

9 - 10 h: clase de Matemáticas
10 - 12 h: prácticas de laboratorio
13 h: comida con Ana
15 - 17 h: biblioteca
17.15 h: escribir correo al profe de Química
18 h: partido de fútbol
21 h: cena en casa de Paco

2. Carlos le ha enviado un mail a su mujer. Completa con las formas adecuadas.

me he	he	he
han	se han	hemos
he	se han	nos hemos

¡Buenos días, cariño!

.... levantado bastante temprano y

.... ido al pueblo. .... comprado

pan y cruasanes para desayunar. Las niñas también

.... despertado muy pronto y ....

jugado un rato en la cama. Luego, ...

levantado y .... desayunado juntos.

.... ido todos a la playa. Ah, por cierto, no

.... puesto la lavadora, ¿puedes hacerlo tú?

Te esperamos en la playa.

3. Ahora completa esta tabla.

me	he	
		levantado
nos	hemos	despertado
se	han	

4. Estas son las preguntas de una encuesta para saber si una persona es presumida. Conjuga los verbos en la segunda persona del pretérito perfecto.

HOY, ANTES DE SALIR DE CASA...

1. ¿(ducharse) ....?

2. ¿(maquillarse)........................?

3. ¿(afeitarse)........................?

4. ¿(ponerse) .... colonia o perfume?

5. ¿En cuánto tiempo (vestirse) ....?

6. ¿Cuántas veces (mirarse) .... en el espejo?

5. Completa la tabla con las formas que faltan.

QUERER	PENSAR
quiero	
	piensas
queremos	
	piensan

6. Completa con **ir** o **querer**.

1. Mis padres .... a jubilarse este año.

2. Yo .... ir a la playa mañana.

3. Rafael no .... casarse ni tener hijos.

4. Santi, ¿........................ a ir a la fiesta de cumpleaños de Clara?

5. Ana, Teo, ¿........................ quedaros en casa toda la tarde?

6. Nosotros .... a salir el sábado por la noche.

VOCABULARIO

7. Traduce a tu lengua estas expresiones. El verbo **tomar** se traduce igual en todos los casos?

tomar un café	
tomar una aspirina	
tomar el sol	
tomar un aperitivo	

8. ¿Con qué verbos pueden combinarse estas palabras?

un museo
una exposición
pie
un concierto
comprar
el cine
bicicleta
caballo
compras
noche
barco

IR A	IR DE	IR EN	SALIR DE

9. Relaciona estos deportes o juegos con su icono correpondiente.

1. senderismo
2. windsurf
3. fútbol
4. patinaje
5. escalada
6. cartas
7. alpinismo
8. ciclismo
9. ajedrez
10. dominó
11. tenis
12. submarinismo

10. Escribe en el lugar correspondiente los deportes y juegos anteriores.

HACER	JUGAR AL / A LOS / A LA / A LAS

11. Completa con **hacer** o **jugar al / a la**. Conjuga los verbos en presente de indicativo.

1. ¿Te gusta .... ajedrez?

2. Los sábados (yo) .... fútbol.

3. Mis padres .... senderismo todos los fines de semana.

4. En verano (nosotros) .... vela.

5. Laura .... submarinismo desde hace quince años.

6. Mis abuelos .... bingo de vez en cuando.

12. Marca con qué lugares se combinan normalmente las palabras o expresiones de la izquierda.

	BARES Y DISCOTECAS	MUSEOS	CINES
actuaciones en directo			
especialidad en rabo de toro			
consumición			
exposición temporal			
concierto			
V.O. subtitulada			
día del espectador			
sesión de madrugada			
sesión matinal			
pase			

GRAMÁTICA

1. Completa la receta de la tortilla de patatas. Usa estos verbos en la forma impersonal con **se**.

lavar
echar
batir
cortar
hacer
mezclar
freír
pelar

1. .... las patatas.

2. .... bien.

3. .... en rodajas.

4. .... durante 10 o 15 minutos, con el fuego no muy alto.

5. .... los huevos.

6. .... las patatas y los huevos batidos.

7. .... la mezcla en la sartén y ...., a fuego bajo, por un lado y por el otro.

2. Completa el presente del verbo **freír.**

(yo)	frío
(tú)	
(él, ella, usted)	
(nosotros/as)	freímos
(vosotros/as)	
(ellos/as)	fríen

3. Completa con las forma adecuadas **ser** o **estar.**

1. La sopa .... muy buena, pero le falta un poco de sal, ¿no crees?

2. Estas galletas .... muy ligeras. ¿Por qué no las pruebas?

3. Este restaurante .... muy bueno y muy barato. Tenemos que ir.

4. Los productos con denominación de origen ...., en general, más caros.

5. Los vinos de La Rioja .... excelentes.

6. Este vino .... muy bueno. ¿De dónde es?

7. ¡Qué pan tan rico! ¡................... buenísimo!

8. El pan .... un alimento muy completo.

4. Transforma las frases como en el ejemplo

Hay que guardar **el café** en un recipiente hermético.
El café hay que guardar**lo** en un recipiente hermético.

1. Hay que destapar las botellas de vino tinto media hora antes de su consumo.
Las botellas de vino hay que destaparlas tinto media hora

2. Hay que lavar bien las verduras.
Las verduras hay que lavarlas bien

3. Hay que poner las legumbres en remojo durante una noche.
Las legumbres hay que ponerlas en remojo durante una noche.

4. Hay que poner el aceite, el vinagre y la sal justo antes de servir la ensalada.
El aceite, el vinagre y la sal hay que ponerlos justo antes de servir

5. No hay que cocer demasiado tiempo la pasta.
La pasta no hay que cocerla demasiado tiempo.

5. Completa con los conectores adecuados (**y, pero, además**).

Consejos para una alimentación sana *y* **equilibrada**

1. La base de una alimentación sana son los cereales, las frutas, las verduras *y* las legumbres. Puedes consumirlos a diario.

2. Se recomiendan cinco raciones al día de frutas *además* verduras.

3. Varias veces a la semana, *pero* no todos los días, se puede tomar pescado, huevos, carnes *y* frutos secos.

4. No hay que consumir de manera habitual dulces, bollería industrial..., *además* el chocolate negro se puede consumir de forma más frecuente.

5. Hay que beber suficiente agua y, *además* ¡hay que desayunar todos los días!

6. Es importante hacer ejercicio *y* tomar el sol.

VOCABULARIO

6. Completa con las palabras que aparecen en la unidad. ¿Sabes otras?

CEREALES	PRODUCTOS LÁCTEOS	CARNE Y EMBUTIDOS	PESCADO	FRUTAS Y VERDURAS	CONDIMENTOS Y SALSAS	OTROS

7. Completa esta tabla con las palabras que se refieren a las comidas del día.

	sustantivo	verbo
por la mañana	el desayuno	
al mediodía		comer
por la tarde	la merienda	
por la noche		cenar

8. Carla nos habla de las diferentes comidas del día. Completa las frases con los verbos de la actividad anterior en primera persona.

Por la mañana, siempre .... en casa. Normalmente tomo un café y pan con mantequilla y mermelada.

A mediodía .... en el trabajo. A veces llevo la comida. Otras veces voy a un restaurante.

Por la tarde, no ...., pero siempre me tomo un té.

Por la noche, ..., en casa con mi marido.

9. Completa este texto con los nombres de las comidas del día.

Muchos expertos recomiendan hacer cuatro o cinco comidas al día. Por la mañana, un buen (1) *desayuno* nos proporciona la energía necesaria para empezar bien el día. Se recomienda tomar lácteos, fruta y cereales. A mediodía, la (2) *almuerza* debe ser completa y variada. Puede incluir cereales, legumbres, carne y/o pescado. Por la tarde se puede tomar la (3) *cena*, que puede ser, por ejemplo, un poco de fruta, un yogur o dos o tres galletas. La (4) *postre* debe ser ligera, y mejor si se hace dos horas antes de ir a dormir.

10. Escribe los nombres de los objetos que se ven en las ilustraciones. Puedes usar el diccionario.

1. *Huevos*

2. *sopa Jolla*

3. *cafe*
4. *microondas*

5. *nevera*
6. *congelador*

7. *horno*

8. *patatas*

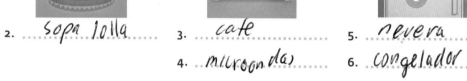

9. *tabla de cortar*
10. *cuchillo*

11. *vaso*
12. *bol*

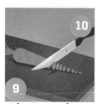

13.

14. *lavabo*

15. *parrilla*

GRAMÁTICA

1. Completa la tabla con la forma correspondiente en cada caso.

	PRETÉRITO PERFECTO	PRETÉRITO INDEFINIDO
tú, hacer		
nosotros, decir		
vosotros, ver		
ellas, volver		
yo, poner		
ellas, escribir		
tú, morir		
usted, abrir		
ustedes, descubrir		
nosotras, romper		
yo, poder		
él, venir		
vosotras, querer		
ella, saber		
tú, tener		

2. ¿Con qué tiempo verbal se combinan estos marcadores temporales? Escríbelos en la columna correspondiente.

este fin de semana
hoy
todavía no
esta semana
ayer
el otro día
el sábado pasado

hace dos años
nunca
alguna vez
esta mañana
muchas veces
anteayer
en 2010

PRETÉRITO PERFECTO	PRETÉRITO INDEFINIDO

3. Completa con pretérito perfecto o indefinido.

1. ¿Qué (hacer, tú) .... el sábado pasado?

2. ¿Alguna vez (hacer, tú) .... submarinismo? ¡Es fantástico!

3. Esta semana todavía no (ver, yo) .... a mi familia.

4. El otro día (romper, yo) .... un plato y dos vasos. ¡Qué desastre!

5. El profesor nos (decir) .... muchas veces que hay que hablar con nativos.

6. Nunca (venir, tú) .... a nuestra casa. Tienes que venir un día.

7. Hace tres años (escribir, yo) .... un cuento y ahora una editorial lo va a publicar.

8. El otro día (volver, yo) .... a casa muy pronto y (poder) .... ver una película con mis hijos.

9. ¿Ayer (abrir, vosotros) .... la ventana del salón? Esta mañana la (encontrar, yo) .... abierta.

10. En 2010 (poder, yo) .... cumplir mi sueño: ir a La India.

4. ¿Qué verbo necesitas en cada conversación? Decídelo y, luego, completa cada una con las formas adecuadas del indefinido o del perfecto.

ver   parecer   tener   ir

1

- ¿Tú .... alguna vez a Disneylandia?
- Sí, ... con mis padres, en 2003 o 2004, no me acuerdo.
- Pues yo no .... nunca, pero me gustaría.

2

- ¿..................... El Señor de los Anillos?
- Claro, la .... cuatro o cinco veces. Me encanta.
- Pues yo la .... ayer, y la verdad... no me gustó demasiado.

3

- Nunca .... un perro, pero me gustaría. ¿Tú .... alguno?
- Sí, siempre .... perros en casa. Ahora tengo dos. A mí me encantan.

4

- ¿Qué te .... la peli de ayer?
- A mí me .... muy mala. ¿Y a ti?

5. Relaciona el principio de cada frase con su final correspondiente. Subraya qué te lo indica.

1. A mis padres	a. te gustaría ir a vivir a otro país, ¿no?
2. A mí	b. les gustaría jubilarse pronto y viajar.
3. A Santi	c. me gustaría tener más tiempo libre para dedicarme a mis aficiones.
4. A nosotros	d. nos gustaría visitar a nuestros amigos que viven en Nueva Zelanda.
5. A ti	e. os gustaría nada la exposición sobre Picasso.
6. A vosotros no	f. le gustaría cruzar el Atlántico en velero.

NOS GUSTÓ MUCHO

6. Completa con la forma correcta del verbo **parecer** en indefinido y los pronombres necesarios en cada caso.

1. A mí la película .... un poco aburrida, muy larga y sin historia.

2. ¿A ti qué .... los padres de Susana?

3. A Enrique .... muy bien nuestra propuesta y quiere trabajar con nosotros.

4. No nos gustó mucho el disco: las canciones .... muy iguales.

5. ¿A vosotros qué .... la conferencia de ayer?

6. A mis padres, Costa Rica .... un paraíso.

7. A mí .... muy interesante la exposición.

8. A nosotros .... genial el concierto de Jorge Drexler.

9. A ellos .... un rollo *Azul oscuro casi negro.*

10. A Laura .... muy bueno el restaurante de Arzak.

7. Selecciona la respuesta correcta.

1.
- ¿Qué tal el libro?
- ○ Me encantó.
- ○ Me encantaron.
- ○ Me parecieron un rollo.

2.
- ¿Qué te pareció la película?
- ○ Me gustaron bastante.
- ○ Me gustó bastante.
- ○ Me parecieron aburridas.

3.
- ¿Te gustó el concierto?
- ○ Sí, me encantó.
- ○ Sí, me parecieron increíbles.
- ○ Sí, me gustaron mucho.

4.
- ¿Os gustó la casa de Rosa?
- ○ Nos encantaron.
- ○ No nos gustaron nada.
- ○ Nos pareció muy bonita.

8. Completa con el pronombre adecuado.

1
- Javi, ayer conociste a Nuria, ¿no? ¿Qué .... pareció?
- ○ .... cayó genial: es simpática, inteligente...

2
- Chicos, ¿qué tal el nuevo profe?
- ○ Pues a todos .... ha caído muy bien, parece simpático. Estamos muy contentos con él.

3
- ¿A tu madre qué .... pareció Marcos?
- ○ No sé... Creo que no .... cayó muy bien.

4
- ¿A vosotros cómo .... cae el padre de Tom?
- ○ No sé... Bien... ¿A ti cómo .... cae?

5
- ¿Es verdad que no vais a venir a la cena del jueves?
- ○ Sí, no vamos a ir. Es que a Javi .... caen mal los amigos de Ana.

34 | treinta y cuatro

VOCABULARIO

9. Traduce a tu lengua las expresiones marcadas en negrita..

1.	Ayer estuve toda la tarde con Luisa en el zoo. **Nos lo pasamos genial**.	
2.	• Ayer fuiste a la fiesta de Laura, ¿no? ○ Sí. • ¿Y **cómo te lo pasaste**? ○ Pues no muy bien, la verdad...	
3.	No soporto a Carlos. **Me cae fatal**.	
4.	• Ayer Ana me presentó a su nuevo novio. ○ ¿Sí? ¿Y **qué tal te cayó**?	

10. Completa la tabla con los nombres de las profesiones correspondientes.

LITERATURA	un escritor, una escritora
ESCULTURA	
MÚSICA	
PINTURA	
ARQUITECTURA	

11. Relaciona las frases que dicen lo mismo.

1.	Las instalaciones se han ampliado.	**a.**	Hay animales y plantas.
2.	Es un museo dedicado a las Ciencias Naturales.	**b.**	Lo han hecho más grande.
3.	El libro relata la historia de una mujer decidida a vivir su vida.	**c.**	¡Tienes que leerlo!
4.	Una lectura obligada.	**d.**	Ha sido un éxito de público.
5.	Combina pop, sonidos electrónicos y aires mexicanos.	**e.**	Va de una mujer que quiere vivir como ella quiere.
6.	La película ha sido la más taquillera del año.	**f.**	Mezcla estilos diferentes.

12. Marca si estos adjetivos o sustantivos se usan para describir lugares y productos culturales de forma positiva o negativa.

	+	-
un rollo		
genial		
buenísimo/a		
fantástico/a		
una maravilla		
increíble		
horrible		
fatal		
aburrido/a		
interesante		
maravilloso/a		
original		
divertido/a		

GRAMÁTICA

1. Estos son algunos consejos para personas que quieren empezar a correr. Marca los verbos en imperativo.

8 CONSEJOS PARA EMPEZAR A CORRER

1. Compra unas zapatillas específicas para correr.
2. Lleva una dieta sana y equilibrada.
3. No es bueno intentar correr mucho los primeros días. Empieza con pocos minutos y aumenta el tiempo de manera progresiva.
4. Descansa algunos días (recuperarse también es importante).
5. Bebe agua antes, durante y después del ejercicio.
6. Si estás muy cansado, anda. No es bueno llegar al límite.
7. Haz estiramientos después de correr.
8. Date una buena ducha y ponte agua fría en las piernas durante dos minutos.

2. Escribe los imperativos de la actividad anterior en las formas **vosotros**.

VOSOTROS
1.
2.
3.
4.
5.
6.
7.
8.
9.
10.

3. Aquí tienes algunos consejos y trucos de belleza y cuidado personal. Escribe los verbos en imperativo con la forma **tú**.

1. (lavarse) .... la cara con agua fría por la mañana.

2. (ponerse) .... crema solar.

3. (ducharse) .... con agua fría.

4. (desmaquillarse) .... siempre antes de ir a dormir.

5. (ponerse) .... colonia de vez en cuando.

6. (cortarse) .... el pelo, al menos una vez al año.

7. (cepillarse) .... los dientes tres veces al día.

4. A Luisito, un niño de 10 años, hoy le han dado muchas órdenes. Conjuga los verbos en imperativo.

1. ¡(hacer) .... la cama!

2. ¡(poner .... la mesa!

3. ¡(venir) .... a la cocina!

4. ¡(ir) .... a comprar el pan!

5. ¡(salir) .... de tu habitación!

5. Completa las frases con el verbo **doler** y los pronombres necesarios.

1. Carlos y Ana han ido a correr y ahora .... los pies.

2. He comido demasiado y ahora .... el estómago.

3. Sandra no va a venir con nosotros: la he llamado y dice que .... la cabeza.

4. ¿Cómo estás? ¿Todavía .... la espalda o estás mejor?

5. ¡Qué curioso! Los dos hemos ido a la piscina y a los dos .... los oídos.

6. ¿A vosotros .... los brazos después de usar el ordenador mucho tiempo?

VOCABULARIO

6. Susana habla con diferentes personas. Escribe su estado en cada caso.

contenta   agotada
nerviosa   enfadada
rara

1.
- Estoy muy .... con Javi. Ayer quedé con él a las cinco en el centro y no vino. ¡Y no me avisó! Perdí dos horas para nada... Y hoy me ha enviado un mensaje para decirme que se olvidó. ¿A ti te parece normal?
- Pues no. Eso no se hace.

2.
- Mañana tengo que dar una conferencia y estoy muy ....
- Tranquila, mujer, que la tienes muy preparada.
- Ya, pero me da mucho miedo hablar en público...

3.
- Mañana llega Marta, ¿no? ¿No estás muy ....?
- ¡Sí! ¡Tengo muchas ganas de verla!

4.
- Estoy .... Trabajo demasiadas horas, hace dos meses que no duermo bien...
- Pues tienes que intentar descansar un poco.

5.
- ¿Tú sabes qué le pasa a Ana? Está muy .... últimamente: no dice nada cuando llega, no habla con nadie...
- Sí, es verdad. Pero no tengo ni idea de qué le pasa.

ESTAMOS MUY BIEN

7. Marca con cuáles de estas partes del cuerpo asocias las palabras de la izquierda.

	LOS OJOS	LAS OREJAS	LA NARIZ	LA BOCA	LAS MANOS	LOS PIES
mirar						
sonreír						
tocar						
gesticular						
oler						
oír						
crema hidratante						
gafas						
guantes						
uñas						
dentista						
calzado						

8. Traduce a tu lengua las partes destacadas en negrita. ¿Los verbos **ser** y **estar** se traducen igual en todos los casos?

SER	
1. Ludovica y Paolo **son norteamericanos**.	
2. Eva **es alta y delgada**.	
3. Mi novia **es ingeniera**.	
4. Andrés y Raúl **son unos chicos muy simpáticos**.	
5. Estos de aquí **son mis tíos**.	
6. ¿Esto? **Es un ordenador**. **Es un modelo nuevo**.	

ESTAR	
1. Rafael **está un poco cansado** últimamente, tiene tanto trabajo, el pobre...	
2. **El libro está en la estantería**.	
3. ¿**Está abierta** la biblioteca?	
4. ¿Qué tal? ¿**Cómo estás**?	

9. ¿En qué postura están estas personas? Márcalo.

	1	2	3	4	5	6
Está agachado/a						
Está de pie						
Está sentado/a						
Está boca abajo						
Está de lado						
Está boca arriba						

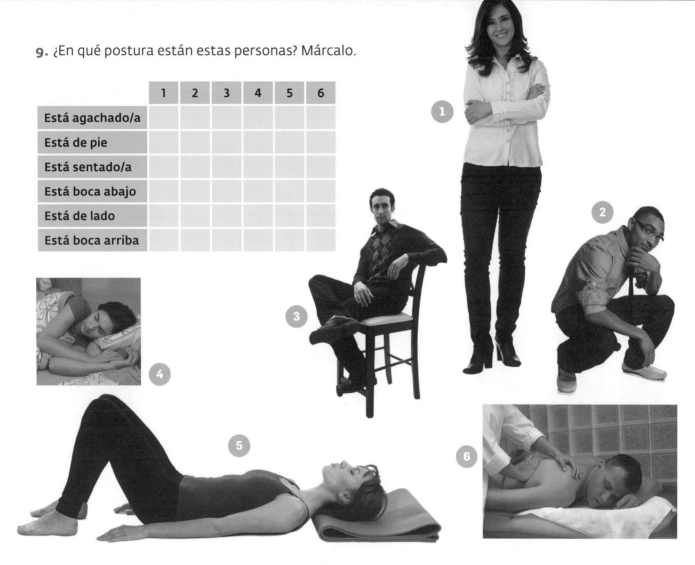

10. Completa las frases con las palabras que faltan.

pesadas   naturales
eficaz   rica
cómodo   irritada
molestas

1. Hay personas que se sienten .... cuando las tocan.

2. Compra hojas de ortiga en una tienda de productos ....

3. El tomillo facilita la digestión después de comidas ....

4. El tomillo es un remedio .... contra la caspa.

5. La miel es muy .... en hierro.

6. El tónico de tomillo se usa para tratar la piel ....

7. Utiliza siempre un calzado ....

MÁS GRAMÁTICA

Cuando, al realizar una actividad, tengas una duda o quieras entender mejor una regla gramatical, puedes consultar este resumen. Como verás, los contenidos no están ordenados por lecciones, sino en torno a las categorías gramaticales.

Además de leer atentamente las explicaciones, fíjate también en los ejemplos: te ayudarán a entender cómo se utilizan las formas lingüísticas en la comunicación real.

MÁS GRAMÁTICA

GRUPO NOMINAL

El grupo nominal se compone del nombre o sustantivo y de sus determinantes y calificativos: artículos, demostrativos, posesivos, adjetivos calificativos, frases subordinadas adjetivas, etc. Las partes del grupo nominal concuerdan en género y en número con el sustantivo.

GÉNERO Y NÚMERO

GÉNERO

▶ En español, solo hay dos géneros: masculino y femenino.

SUSTANTIVOS

▶ En general, son masculinos los sustantivos que terminan en **-o**, **-aje**, **-ón** y **-r** . También son masculinos los sustantivos de origen griego terminados en **-ema** y **-oma**: **el problema**, **el cromosoma**. Son femeninos los terminados en **-a**, **-ción**, **-sión**, **-dad**, **-tad** y **-ez**. Sin embargo, hay muchas excepciones: **el mapa**, **la mano**...

▶ Los sustantivos que terminan en **-e** o en otras consonantes pueden ser masculinos o femeninos: **la llave**, **el norte**, **el** o **la paciente**, **el control**, **la paz**, etc.

▶ Las palabras de género femenino que comienzan por **a** o **ha** tónica llevan el artículo **el** en singular, pero el adjetivo va en femenino: **el agua limpia**, **el aula pequeña**. En plural, funcionan de forma normal: **las aguas limpias**, **las aulas pequeñas**.

ADJETIVOS

▶ El femenino de los adjetivos se forma, en general, cambiando la **-o** final por una **-a** o añadiendo una **-a** a la terminación **-or**: **alto**, **alta**; **trabajador**, **trabajadora**, etc.

▶ Los adjetivos que terminan en **-e**, **-ista** o en consonantes distintas de **r** tienen la misma forma en masculino y en femenino: **doble**, **realista**, **veloz**, **lateral**.

NÚMERO

▶ El plural de sustantivos y de adjetivos se forma agregando **-s** a los terminados en vocal (**calle** → **calles**) y **-es** a los terminados en consonante (**portal** → **portales**). Si la palabra termina en **-z**, el plural se escribe con **c**: **vez** → **veces**.

▶ Los sustantivos y los adjetivos que, en singular, terminan en **-s** hacen el plural dependiendo de la acentuación. Si se acentúan en la última sílaba, agregan **-es**: **el autobús** → **los autobuses**. Si no se acentúan en la última sílaba, no cambian en plural: **la dosis** → **las dosis**.

▶ Los sustantivos y los adjetivos terminados en **-í** o **-ú** acentuadas forman el plural con **-s** o con **-es**: **marroquí** → **marroquís** / **marroquíes**.

ARTÍCULO

Existen dos tipos de artículos en español: los determinados y los indeterminados.

ARTÍCULO INDETERMINADO

▶ Usamos los artículos indeterminados (**un**, **una**, **unos**, **unas**) para mencionar algo por primera vez, cuando no sabemos si existe o para referirnos a un ejemplar de una categoría.

● *Marcos ha alquilado **una** casa en Mallorca.*

▶ No usamos los artículos indeterminados para informar sobre la profesión de alguien.

● *Soy médico. ~~Soy un médico.~~*

▶ Pero sí los usamos cuando identificamos a alguien por su profesión o cuando lo valoramos.

● *Su mujer es **una** periodista muy conocida.*

▶ Los artículos indeterminados no se combinan con **otro**, **otra**, **otros**, **otras**, **medio**, **media**, **cien(to)** o **mil**.

● *¿Me dejas otra hoja?* **una** ~~otra hoja~~
● *Si no tienes hambre, come media ración.* **una** ~~media~~

ARTÍCULO DETERMINADO

▶ Los artículos determinados (**el**, **la**, **los**, **las**) se utilizan cuando hablamos de algo que sabemos que existe, que es único o que ya se ha mencionado.

● ***La** casa de Mallorca de Marcos es preciosa.*
● *Vivían en **el** centro de Madrid.*

▶ En general, no se usan con nombres de personas, de continentes, de países y de ciudades, excepto cuando el artículo es parte del nombre: **La Habana**, **El Cairo**, **La Haya**, **El Salvador**. Con algunos países, el uso es opcional: **(La) India**, **(El) Brasil**, **(El) Perú**, etc.

▶ También los usamos cuando nos referimos a un aspecto o a una parte de un país o de una región: **la Sevilla actual**, **el Egipto antiguo**.

▶ Con las formas de tratamiento y con los títulos, usamos los artículos en todos los casos excepto para dirigirnos a nuestro interlocutor.

- **La** señora González vive cerca de aquí, ¿no?
- Señora González, ¿dónde vive usted? (= hablamos con ella)

– Cuando hablamos de una categoría o de sustantivos no contables, **no** usamos el artículo.

- ¿Tienes ordenador?
- Necesito leche para el postre.

– La presencia del artículo determinado indica que ya se había hablado antes de algo.

- He comprado **la** leche y **los** huevos.
(= ya he dicho antes que era necesario comprar esas cosas)
- He comprado leche y huevos.
(= informo sobre lo que he comprado)

EL ARTÍCULO NEUTRO LO

Aunque en español solo hay dos géneros, masculino y femenino, existe la forma neutra **lo** en las estructuras **lo** + adjetivo o **lo que** + verbo.

Lo bueno (= las cosas que son buenas)
Lo difícil (= las cosas que son difíciles)
Lo bello (= las cosas que son bellas)
Lo que pienso (= las cosas que pienso)

DEMOSTRATIVOS

▶ Sirven para referirse a algo indicando su cercanía o su lejanía respecto a la persona que habla.

CERCA DE QUIEN HABLA	CERCA DE QUIEN ESCUCHA	LEJOS DE AMBOS
este	ese	ese / aquel
esta	esa	esa / aquella
estos	esos	esos / aquellos
estas	esas	esas / aquellas

- **Este** avión es bastante nuevo, pero **aquel** del otro día era viejísimo.

▶ Además de las formas de masculino y de femenino, existen formas neutras (**esto**, **eso**, **aquello**) que sirven para referirse a algo desconocido o que no queremos o no podemos identificar con un sustantivo.

- ¿Qué es **esto** que has dejado en mi mesa? No entiendo nada.
- ¿**Eso**? Es la traducción del informe anual.

▶ Los demostrativos están en relación con los adverbios de lugar **aquí**, **ahí** y **allí**.

AQUÍ	AHÍ	ALLÍ
este chico	**ese** chico	**aquel** chico
esta chica	**esa** chica	**aquella** chica
estos amigos	**esos** amigos	**aquellos** amigos
estas amigas	**esas** amigas	**aquellas** amigas
esto	**eso**	**aquello**

POSESIVOS

▶ Los posesivos que van antes del sustantivo se utilizan para identificar algo o a alguien refiriéndose a su poseedor. Varían según quién es el poseedor (**yo** → **mi** casa, **tú** → **tu** casa...) y concuerdan en género y en número con lo poseído (**nuestra cas**a, **su**s **libros**, etc.).

(yo)	**mi** libro / casa	**mis** libros / casas
(tú)	**tu** libro / casa	**tus** libros / casas
(él/ella/usted)	**su** libro / casa	**sus** libros / casas
(nosotros/nosotras)	**nuestro** libro / **nuestra** casa	**nuestros** libros / **nuestras** casas
(vosotros/vosotras)	**vuestro** libro / **vuestra** casa	**vuestros** libros / **vuestras** casas
(ellos/ellas/ustedes)	**su** libro / casa	**sus** libros / casas

▶ No usamos los posesivos cuando nos referimos a partes del propio cuerpo.

- **Me** duele **la** cabeza. ~~Me duele mi cabeza.~~
- **Me** quiero cortar **el** pelo. ~~Quiero cortar mi pelo.~~

▶ Tampoco los usamos para hablar de objetos de los que se supone que poseemos solo una unidad o cuando, por el contexto, está muy claro quién es el propietario.

- ¿Dónde has aparcado **el** coche?
- ¿Tienes **el** pasaporte? Lo vas a necesitar.

▶ Existe otra serie de posesivos.

mío	mía	míos	mías
tuyo	tuya	tuyos	tuyas
suyo	suya	suyos	suyas
nuestro	nuestra	nuestros	nuestras
vuestro	vuestra	vuestros	vuestras
suyo	suya	suyos	suyas

▶ Estos posesivos se usan en tres contextos.

- Para dar y para pedir información sobre a quién pertenece algo.

- ¡Qué lío! Esta bolsa es **tuya** o es **mía**?

MÁS GRAMÁTICA

- Detrás del sustantivo, que va acompañado del artículo indeterminado u otros determinantes.

• *Me encanta ese pintor; tengo **dos** obras **suyas**.*

- Con artículos determinados, para sustituir a un sustantivo ya mencionado o conocido por el interlocutor.

• *Estos no son mis zapatos. ¡Son los **tuyos**!*

PRONOMBRES PERSONALES

La forma de los pronombres personales cambia según el lugar que ocupan en la oración y según su función.

EN FUNCIÓN DE SUJETO

1ª pers. singular	**yo**	• ***Yo** tengo frío, ¿y tú?*
2ª pers. singular	**tú** **usted**	• ***Tú** tienes la culpa, no yo.*
3ª pers. singular	**él, ella**	• ***Él** es músico y **ella**, cantante.*
1ª pers. plural	**nosotros, nosotras**	• ***Nosotras** llegamos a las 5 h y los chicos, a las 6 h.*
2ª pers. plural	**vosotros, vosotras ustedes**	• *¿**Vosotros** habéis bajado a la calle? Alguien ha dejado la puerta abierta…*
3ª pers. plural	**ellos, ellas**	• ***Ellos** tienen más experiencia, pero se esfuerzan menos.*

▶ Los pronombres de sujeto se utilizan cuando queremos resaltar la persona por oposición a otras o cuando su ausencia puede llevar a confusión, por ejemplo, en la tercera persona.

• ***Ustedes** trabajan en un banco, ¿verdad?*
○ ***Yo** sí, pero **ella** no, **ella** es abogada.*

▶ **Usted** y **ustedes** son, respectivamente, las formas de tratamiento de respeto en singular y en plural. Se usan en relaciones jerárquicas, con desconocidos de una cierta edad o con personas mayores en general. Hay grandes variaciones de uso según el contexto social o geográfico. Se trata de formas de segunda persona, pero tanto el verbo como los pronombres van en tercera persona.

▶ En Latinoamérica, no se usa nunca **vosotros**: la forma de segunda persona del plural es **ustedes**.

▶ En algunas zonas de Latinoamérica (Argentina, Uruguay y regiones de Paraguay, Colombia y Centroamérica), en lugar de **tú**, se usa **vos**.

▶ Las formas femeninas del plural (**nosotras**, **vosotras**, **ellas**) solo se usan cuando todas las componentes son mujeres. Si hay al menos un hombre, se usan las formas masculinas.

CON PREPOSICIÓN

1ª pers. singular	**mí** *	• *¿Hay algún mensaje **para mí**?*
2ª pers. singular	**ti** * **usted**	• *Estos días, he pensado mucho **en ti**.*
3ª pers. singular	**él, ella**	• *Habla **con ella**: sabe mucho de ese tema.*
1ª pers. plural	**nosotros, nosotras**	• *El niño es muy pequeño, todavía no viaja **sin nosotros**.*
2ª pers. plural	**vosotros, vosotras ustedes**	• *Mi novia os conoce: me ha hablado muy bien **de vosotros**.*
3ª pers. plural	**ellos, ellas**	• *Siempre critica a sus hermanas.* ○ *Sí, es verdad. Siempre está **contra ellas**.*

* Con la preposición **con**: **conmigo** y **contigo**.

¡ATENCIÓN!
Hay algunas excepciones: las preposiciones **entre**, **excepto**, **hasta**, **incluso**, **salvo** y **según**.

• ***Entre tú** y **yo** ya no hay secretos.*
• *Todos entregaron las tareas **excepto tú**.*
• ***Según tú**, ¿quién es el culpable?*

RECUERDA
Con **como** y **menos** se usan las formas **yo** y **tú**.

• *Tú eres **como yo**, te encanta bailar.*

REFLEXIVOS

1ª pers. singular	**me** ducho
2ª pers. singular	**te** duchas / **se** ducha
3ª pers. singular	**se** ducha
1ª pers. plural	**nos** duchamos
2ª pers. plural	**os** ducháis / **se** duchan
3ª pers. plural	**se** duchan

EN FUNCIÓN DE COMPLEMENTO DE OBJETO DIRECTO (COD)

1ª pers. singular	me	• ¿**Me** ves bien?
2ª pers. singular	te lo*, la	• **Te** odio. Eres insoportable. • ¿**La** acompaño, señora Lara?
3ª pers. singular	lo*, la	• El café, siempre **lo** tomo solo.
1ª pers. plural	nos	• **Nos** tuvieron tres horas en la sala de espera.
2ª pers. plural	os los, las	• ¿Quién **os** lleva al cole? • **Los** espero abajo, señores Gil.
3ª pers. plural	los, las	• A las niñas no **las** veo desde el año pasado.

* Cuando el complemento de objeto directo hace referencia a una persona singular de género masculino, se admite también el uso de la forma **le**: A Luis lo / le veo todos los días.

▸ La forma **lo** es, además de un pronombre masculino, un pronombre de COD neutro que puede sustituir a una parte del texto o a **esto**, **eso**, **aquello**, **algo**...

- ¿Esto es tuyo? **Lo** he encontrado en el suelo.

- ¿A qué hora llega Mateo?
- No **lo** sé. ¿Por qué no se lo preguntas a Alonso?

EN FUNCIÓN DE COMPLEMENTO DE OBJETO INDIRECTO (COI)

- Los pronombres de COI solo se diferencian de los de COD en las formas de la tercera persona.

- Los pronombres de COI **le** y **les** se convierten en **se** cuando van acompañados de los pronombres de COD **lo**, **la**, **los**, **las**:

~~Le lo~~ pregunto. / **Se lo** pregunto.

1ª pers. singular	me	• No **me** has dicho la verdad. Eres un mentiroso.
2ª pers. singular	te le (se)	• ¿**Te** puedo contar una cosa? • **Le** mando el cheque mañana, señor Ruiz.
3ª pers. singular	le (se)	• ¿Quién **le** hizo esta foto a Montse? Es preciosa...
1ª pers. plural	nos	• Carmen **nos** ha enseñado la ciudad.
2ª pers. plural	os les (se)	• Si queréis, **os** saco yo la foto. • A ustedes, **les** va a llegar el paquete por correo.
3ª pers. plural	les (se)	• A los chicos no **les** gustó nada la película.

POSICIÓN DEL PRONOMBRE

▸ El orden de los pronombres es: COI + COD + verbo. Los pronombres se colocan siempre delante del verbo conjugado (excepto en imperativo afirmativo).

- ¿**Me** das un poco de agua?
- ¿**Os** apetece un té?

- ¿Cómo **te** devuelvo el libro que **me** dejaste?
- Si **se lo** das a Pablo, él **me lo** trae a casa.

▸ Con el infinitivo, el gerundio y la forma afirmativa del imperativo, los pronombres se colocan después del verbo y forman una sola palabra.

- Es imposible bañar**se**, el agua está helada.
- Siénta**te** aquí y cuénta**melo** todo.

▸ Con perífrasis y con estructuras como **poder** / **querer** / **ir a** + infinitivo, los pronombres pueden ir delante del verbo conjugado o detrás del infinitivo, pero nunca entre ambos.

- Tienes que hacer**me** un favor.
- **Me** tienes que hacer un favor.
~~Tienes que **me** hacer un favor~~

- Quiero pedir**le** el coche a Jaime.
- **Le** quiero pedir el coche a Jaime.
~~Quiero le pedir el coche a Jaime.~~

- ¿Vas a llevar**te** el coche?
- ¿**Te** vas a llevar el coche?
~~¿Vas a **te** llevar el coche?~~

PREPOSICIONES Y LOCUCIONES PREPOSICIONALES

POSICIÓN Y MOVIMIENTO

a dirección, distancia	• Vamos **a** Madrid. • Ávila está **a** 55 kilómetros de aquí.
en ubicación, medio de transporte	• Vigo está **en** Galicia. • Vamos **en** coche.
de procedencia **lejos / cerca... de**	• Venimos **de** la universidad. • Caracas está **lejos de** Lima.
desde punto de partida	• Vengo a pie **desde** el centro.

entre ubicación en medio de dos o más cosas	• Barcelona está situada **entre** el mar y la montaña. • He encontrado esta postal **entre** mis libros.
hasta punto de llegada	• Podemos ir en metro **hasta** el centro.
por movimiento dentro o a través de un espacio	• Me gusta pasear **por** la playa. • El ladrón entró **por** la ventana.
sobre ubicación superior	• Extienda la masa **sobre** una superficie fría.

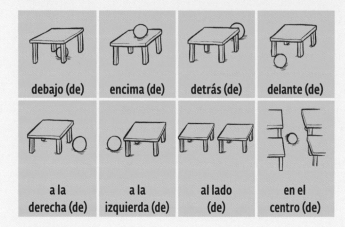

debajo (de)	encima (de)	detrás (de)	delante (de)

a la derecha (de)	a la izquierda (de)	al lado (de)	en el centro (de)

> **! ¡ATENCIÓN!**
> Podemos usar las locuciones anteriores sin la preposición **de** cuando no mencionamos el elemento que sirve de referencia.
>
> • ¿Dónde ponemos el cuadro: **a la derecha de** la ventana o **a la izquierda**?

TIEMPO

a + hora	• Me levanto **a** las ocho.
por + parte del día	• No trabajo **por** la mañana.
de + **día** / **noche**	• Prefiero estudiar **de** noche.
desde + punto en el tiempo	• No veo a Juan **desde** 1998.
en + mes / estación / año	• Mi cumpleaños es **en** abril.
antes / **después de**	• Hago deporte **antes de** cenar.
de + inicio + **a** + fin	• Trabajamos de 9 **a** 6 h. • Vamos a estar aquí **del** 2 **al*** 7 de abril.
hasta + punto en el tiempo	• Te esperé **hasta** las cinco.

* Recuerda que **a** + **el** = **al**; **de** + **el** = **del**.

OTROS USOS

> **A**
> modo: **a la plancha**, **al horno**.
> COD de persona: **Hemos visto a Pablo en el centro.**

> **DE**
> materia: **de lana**.
> partitivo, con sustantivos no contables: **un poco de pan, 200 gramos de queso**

> **POR / PARA**
> **por** + causa: **Viaja mucho por su trabajo.**
> **para** + finalidad: **Necesito dinero para pagar el teléfono.**
> **para** + destinatario: **Estos libros son para tu hermana.**

> **CON**
> compañía: **¿Has ido al cine con Patricia?**
> acompañamiento: **pollo con patatas.**
> instrumento: **He cortado el papel con unas tijeras.**
> composición: **una casa con muchas ventanas.**

> **SEGÚN**
> opinión: **Según tú, ¿quién tiene la razón, ella o yo?**

> **SIN**
> ausencia: **Yo prefiero tomar el café sin azúcar.**

> **SOBRE**
> tema: **Tengo que escribir un texto sobre el cine de mi país.**

INTERROGATIVOS

Los pronombres y los adverbios interrogativos reemplazan al elemento desconocido en preguntas de respuesta abierta.

QUÉ, CUÁL / CUÁLES

▸ En preguntas abiertas sin referencia a ningún sustantivo, usamos **qué** para preguntar por cosas.

• ¿**Qué** habéis hecho durante estas vacaciones?

▶ Cuando preguntamos por una cosa o por una persona dentro de un conjunto, usamos **qué** o **cuál / cuáles** dependiendo de si aparece o no el sustantivo.

- ● *¿**Qué** <u>museos</u> habéis visitado?*

- ● *Nos encantó el Museo Picasso.*
- ○ *¿**Cuál**? ¿El de Barcelona o el de Málaga?*

OTROS INTERROGATIVOS

PARA PREGUNTAR POR...		
personas	**quién / quienes**	● *¿**Quién** ha traído estas flores?*
una cantidad	**cuánto/-a/-os/-as**	● *¿**Cuántas** veces has estado en España?*
un lugar	**dónde**	● *¿**Dónde** tienes el móvil?*
un momento en el tiempo	**cuándo**	● *¿**Cuándo** llegaste a Alemania?*
el modo	**cómo**	● *¿**Cómo** fuiste? ¿En avión?*
el motivo	**por qué**	● *¿**Por qué** te ríes?*
la finalidad	**para qué**	● *¿**Para qué** me has llamado?*

- ● *¿**Con quién** has estado hoy?*
- ○ *Con Edu.*

RECUERDA
- – Todos los interrogativos llevan tilde.
- – Cuando el verbo va acompañado de preposición, esta se coloca antes del interrogativo.
  - ● *¿**Desde dónde** llamas?*
  - ○ *Desde una cabina.*

  - ● *¿**Sobre qué** trató la conferencia?*
  - ○ *Sobre reciclaje.*

  - ● *¿**Hasta cuándo** te quedas?*
  - ○ *Hasta el martes.*

  - ● *¿**Para cuántas** personas es esta mesa?*
  - ○ *Para ocho como máximo.*

- – Las preguntas de respuesta cerrada (respuesta **sí** o **no**) se forman igual que las frases enunciativas; simplemente cambia la entonación.
  - ● *Edu va mucho a los Estados Unidos.*
  - ● *¿Edu va mucho a los Estados Unidos?*

MARCADORES TEMPORALES

PARA EXPRESAR FRECUENCIA

siempre	+
casi siempre / generalmente / por lo general / normalmente	
a menudo / con frecuencia / muchas veces	
a veces	
de vez en cuando	
raramente / muy pocas veces	
casi nunca	
nunca	
jamás	–

los lunes / los martes...	
todos los lunes / los días / los meses / los veranos...	
todas las mañanas / las tardes / las noches...	
cada día / semana / mes / primavera / año...	

- ● *Casi siempre ceno en casa.*
- ● *Yo voy al cine **muy pocas veces**.*
- ● *Deberías caminar un poco **todos los días**.*

¡ATENCIÓN!
Con **todos los días**, hablamos de algo común a todos los días, algo que se repite. Con **cada día** nos referimos a los días como unidades independientes.
- ● *Como fuera **todos los días**, pero **cada día** en un sitio diferente.*

PARA ESPECIFICAR EL NÚMERO DE VECES QUE SE HA REALIZADO ALGO

muchas veces
2 / 3... veces
alguna vez
una vez
casi nunca
nunca
jamás

- ● *¿Habéis estado **alguna vez** en México?*
- ○ *Yo estuve **una vez** hace muchos años.*
- ■ *Yo he estado **muchas veces**.*
- □ *Pues yo no he estado **nunca**.*

MÁS GRAMÁTICA

PARA SITUAR EN EL PRESENTE

ahora
actualmente
en este momento
hoy
hoy en día

- Alejandro Sanz, que **actualmente** vive en Miami, está pasando unos días en España.
- **Hoy en día** es difícil encontrar un buen trabajo.

PARA SITUAR EN UN PASADO VINCULADO AL PRESENTE

este mes / año / verano...
esta semana...
esta mañana / tarde / noche
hace poco
hace un rato / hace cinco minutos
hoy

- **Este mes** he tenido mucho trabajo.

- ¿Alguien sabe dónde está Marcos?
- ○ Yo lo he visto en la cafetería **hace cinco minutos**.

PARA SITUAR EN UN PASADO NO VINCULADO AL PRESENTE

ayer
anteayer
un día
el otro día
una vez
el 15 de enero de 2003
en enero
en 2010
el jueves (pasado)
la semana pasada
el verano / año / mes pasado
hace tres meses
de niño

- ¿Sabes? **El otro día** me leyeron el futuro en el café.
- ○ ¿Sí? A mí **una vez**, **hace años**, me lo leyeron, pero no acertaron en nada.

RELACIONAR ACCIONES: ANTERIORIDAD Y POSTERIORIDAD

antes (de)
luego
después (de)
más tarde
unos minutos / un rato / unos días **después**
unos minutos / un rato / unas horas **más tarde**

- **Antes** tenía el pelo largo, pero me lo corté porque era incómodo.
- He ido a la universidad, pero **antes** he pasado por casa de Julia a buscar unas cosas.
- **Antes de** casarme pasé un tiempo en Colombia.
- Tómese una pastilla **antes de** cada comida.
- Yo llegué a las cinco y Alberto, **un rato después**.

REFERIRNOS A UN MOMENTO YA MENCIONADO

entonces
en aquella época
en aquellos tiempos
en ese / aquel momento

- Yo vivía en un pueblo. **Entonces** no había televisión y jugábamos siempre en la calle.
- Me metí en la ducha y **entonces** llegó él.
- Mi abuela nació a mediados del siglo xx. **En aquella época** no había electricidad en su pueblo.

REFERIRNOS A UN MOMENTO FUTURO

mañana
pasado mañana
dentro de un rato / dos semanas / tres meses...
la semana / el mes... que viene
la próxima semana / el próximo mes
el lunes (que viene / próximo)...
este lunes / verano / año...
el uno de enero de 2025
el día 25

- **Mañana** voy a ir a la playa. ¿Quieres venir?
- Han dicho en la tele que **la semana que viene** va a llover.
- **Este año** voy a intentar cuidarme más.
- Llegamos al aeropuerto de Madrid **dentro** de diez minutos.

PARA HABLAR DE LA DURACIÓN

▶ **Hace** relaciona el momento en el que hablamos con el momento en el que ocurrió algo poniendo el énfasis en la cantidad de tiempo transcurrido.

● *Terminé mis estudios **hace** diez años.*

▶ **Desde** hace referencia al momento en el que se inicia algo.

● *Trabajo en esta empresa **desde** 1998.*

▶ **Hasta** hace referencia al límite temporal de una acción.

● *Me quedo **hasta** las diez.*
● *Vivió en París **hasta** 2001.*

▶ **Desde hace** expresa el tiempo transcurrido desde el comienzo de una acción que continúa en el presente.

● *Trabajo en esta empresa **desde hace** siete años.*

MARCADORES ESPACIALES

aquí / acá*
ahí
allí / allá
cerca (de) / lejos (de)
dentro (de) / fuera (de)
arriba / abajo

* **Aquí** no se usa en algunas variantes americanas, especialmente en la del Río de la Plata, donde se prefiere la forma **acá**.

COMPARAR

SUPERIORIDAD

CON NOMBRES

● *Madrid tiene **más** parques **que** Barcelona.*

CON ADJETIVOS

● *Madrid es **más** grande **que** Barcelona.*

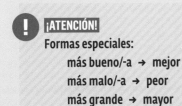

¡ATENCIÓN!
Formas especiales:
    más bueno/-a → **mejor**
    más malo/-a → **peor**
    más grande → **mayor**

CON VERBOS

● *Antes comía **más que** ahora.*

¡ATENCIÓN!
Mayor (que) suele usarse, sobre todo, para indicar "mayor edad" o en comparaciones abstractas.
● *Antonio es **mayor que** Andrés.*
● *Este producto tiene **mayor** aceptación entre los jóvenes.*

IGUALDAD

CON NOMBRES

● Nuestra casa tiene
    tanto espacio
    tanta luz
    tantos balcones   como esta.
    tantas habitaciones

● Carlos y yo tenemos
    el mismo coche.
    la misma edad.
    los mismos gustos.
    las mismas aficiones.

¡ATENCIÓN!
*Ana y yo comemos **lo mismo*** puede significar dos cosas:
- "Ana y yo comemos las mismas cosas"
- "Ana come tanto como yo" (= la misma cantidad)

CON ADJETIVOS

● *Aquí las casas son **tan** caras **como** en mi ciudad.*

CON VERBOS

● *Aquí la gente sale **tanto como** en España.*

INFERIORIDAD

CON NOMBRES

● *Prefiero dormir en esta habitación porque hay **menos** ruido **que** en la otra.*

● Nuestra casa **no** tiene
    tanto espacio
    tanta luz
    tantos balcones   como esta.
    tantas habitaciones

CON ADJETIVOS

● *La segunda parte de la novela es mucho **menos** entretenida **que** la primera.*
● *Aquí los trenes **no** son **tan** caros **como** en mi país.*

CON VERBOS

- *Desde que tuvimos el niño <u>dormimos</u> **menos que** antes.*
- *Ahora **no** <u>como</u> **tanto como** antes.*

VERBOS

CONJUGACIONES

▶ En español existen tres conjugaciones, que se distinguen por las terminaciones: **-ar** (primera conjugación), **-er** (segunda) e **-ir** (tercera). Las formas de los verbos de la segunda y de la tercera conjugación son muy similares. La mayoría de las irregularidades se dan en estos dos grupos.

▶ En el verbo se pueden distinguir dos elementos: la raíz y la terminación. La raíz se obtiene al quitar al infinitivo la terminación **-ar**, **-er**, **-ir**. La terminación nos proporciona la información referente al modo, al tiempo, a la persona y al número.

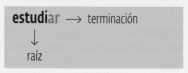

estudiar ⟶ terminación
↓
raíz

▶ Las irregularidades afectan solo a la raíz del verbo. Solo se encuentran terminaciones irregulares en el indefinido.

VERBOS REFLEXIVOS

▶ Son verbos que se conjugan con los pronombres reflexivos **me**, **te**, **se**, **nos**, **os**, **se**: **llamarse**, **levantarse**, **bañarse**...

- *(Yo) **me llamo** Abel. (**llamarse**)*

▶ Hay verbos que, como **acordar**, **ir** o **quedar**, cambian de significado con el pronombre reflexivo.

- *¿Qué **acordasteis** en la reunión?*
- *Vamos al cine.*
- *¿**Quedamos** a las cinco?*

- *¿**Te acuerdas** de Pablo?*
- *Nos **vamos** de aquí.*
- *Ayer no salí, **me quedé** en casa.*

▶ Otros verbos pueden convertirse en reflexivos cuando la acción recae en el propio sujeto.

- *Marcela **lava** la ropa.*
- *Marcela **se lava**.*
- *Marcela **se lava** las manos.*

VERBOS QUE FUNCIONAN COMO GUSTAR

Existe un grupo de verbos (**gustar**, **encantar**, **apetecer**, **interesar**, **costar**, **parecer**, **caer bien/mal**, etc.) que se conjugan casi siempre en tercera persona (del singular si van seguidos de un nombre en singular o de un infinitivo; y del plural si van seguidos de un sustantivo en plural). Estos verbos van acompañados siempre de los pronombres de COI **me**, **te**, **le**, **nos**, **os**, **les** y expresan sentimientos y opiniones respecto a cosas, personas o actividades.

| (A mí)
(A ti)
(A él/ella/usted)
(A nosotros/nosotras)
(A vosotros/vosotras)
(A ellos/ellas/ustedes) | **me**
te
le
nos
os
les | gusta | el cine. (NOMBRES EN SINGULAR)
ir al cine. (VERBOS) |
| | | gusta**n** | la**s** película**s** de guerra.
(NOMBRES EN PLURAL) |

- ***Me cuesta** mucho <u>pronunciar las erres</u>.*
- *A Sara **le encanta** <u>Shakira</u>.*
- *¿Qué **os parece** <u>este cuadro</u>?*
- ***Me duelen** mucho <u>los pies</u>.*
- *¿**Os ha caído bien** <u>el novio de Puri</u>?*

▶ En estos verbos, se usa **a** + pronombre tónico (**a mí**, **a ti**, **a él/ella/usted**, **a nosotros/-as**, **a vosotros/-as**, **a ellos/ellas/ustedes**) cuando queremos contrastar diferentes personas.

- *¿Y **a vosotros** qué **os ha parecido** la película?*
- *A mí me ha encantado.*
- *Pues **a mí me ha parecido** muy aburrida.*

PRESENTE DE INDICATIVO

	HABLAR	COMER	ESCRIBIR
(yo)	habl**o**	com**o**	escrib**o**
(tú)	habl**as**	com**es**	escrib**es**
(él/ella/usted)	habl**a**	com**e**	escrib**e**
(nosotros/nosotras)	habl**amos**	com**emos**	escrib**imos**
(vosotros/vosotras)	habl**áis**	com**éis**	escrib**ís**
(ellos/ellas/ustedes)	habl**an**	com**en**	escrib**en**

▶ La terminación de la primera persona del singular es igual en las tres conjugaciones.

▶ Las terminaciones de la tercera conjugación son iguales que las de la segunda excepto en la primera y en la segunda personas del plural (**nosotros/-as**, **vosotros/-as**).

▶ Usamos el presente de indicativo para:

– hacer afirmaciones atemporales: **Una semana tiene siete días.**

– hablar de hechos que se producen con una cierta frecuencia o regularidad: **Como en casa todos los días.**

- hablar del presente cronológico: **Hace muy buen tiempo**.
- pedir cosas y acciones en preguntas: **¿Me prestas un boli?**
- hablar de intenciones firmes: **Mañana te devuelvo el libro**.
- relatar en presente histórico: **Pío Baroja nace en San Sebastián en 1872**.
- formular hipótesis: **Si me toca la lotería, dejo de trabajar**.
- dar instrucciones: **Sigues todo recto y giras a la derecha**.

IRREGULARIDADES EN PRESENTE

DIPTONGACIÓN: E > IE, O > UE

▸ Muchos verbos de las tres conjugaciones tienen esta irregularidad en presente. Este fenómeno no afecta ni a la primera ni a la segunda personas del plural.

	PENSAR	PODER
(yo)	pienso	puedo
(tú)	piensas	puedes
(A él/ella/usted)	piensa	puede
(nosotros/nosotras)	pensamos	podemos
(vosotros/vosotras)	pensáis	podéis
(ellos/ellas/ustedes)	piensan	pueden

CIERRE VOCÁLICO: E > I

▸ El cambio de **e** por **i** se produce en muchos verbos de la tercera conjugación en los que la última vocal de la raíz es **e**, como **seguir**, **pedir**, **decir** o **freír**.

	SEGUIR
(yo)	sigo
(tú)	sigues
(él/ella/usted)	sigue
(nosotros/nosotras)	seguimos
(vosotros/vosotras)	seguís
(ellos/ellas/ustedes)	siguen

G EN LA PRIMERA PERSONA DEL SINGULAR

▸ Existe un grupo de verbos que intercalan una **g** en la primera persona del singular.

salir → **salgo**   poner → **pongo**   valer → **valgo**   hacer → **hago**

¡ATENCIÓN!
Algunos verbos, como **tener** o **venir**, presentan esta irregularidad en combinación con otra: **tengo**, **tienes**, **tiene**, **tienen**.

	TENER	VENIR
(yo)	tengo	vengo
(tú)	tienes	vienes
(él/ella/usted)	tiene	viene
(nosotros/nosotras)	tenemos	venimos
(vosotros/vosotras)	tenéis	venís
(ellos/ellas/ustedes)	tienen	vienen

ZC EN LA PRIMERA PERSONA DEL SINGULAR

▸ Los verbos terminados en **-acer**, **-ecer**, **-ocer** y **-ucir** también son irregulares en la primera persona del singular.

conocer → **conozco**   producir → **produzco**
obedecer → **obedezco**   nacer → **nazco**

CAMBIOS ORTOGRÁFICOS

▸ Para conjugar los verbos que terminan en **-ger**, **-gir** y **-guir**, debemos tener en cuenta las reglas ortográficas.

escoger → **escojo**   elegir → **elijo**   seguir → **sigo**

PRETÉRITO PERFECTO

	PRESENTE DE HABER	+ PARTICIPIO
(yo)	**he**	
(tú)	**has**	
(él/ella/usted)	**ha**	hablado
(nosotros/nosotras)	**hemos**	comido
(vosotros/vosotras)	**habéis**	vivido
(ellos/ellas/ustedes)	**han**	

▸ El pretérito perfecto se forma con el presente del auxiliar **haber** y el participio pasado (**cantado**, **leído**, **vivido**).

▸ El participio pasado es invariable. El auxiliar y el participio son una unidad, no se puede colocar nada entre ellos. Los pronombres se colocan siempre delante del auxiliar.

- ¿Has vist**o** mis sandalias? ~~¿Has vistas mis sandalias?~~
- **Las** hemos comprado esta semana. ~~Hemos las comprado esta semana.~~
- **Ya** hemos cerrado. ~~Hemos ya cerrado.~~

▸ Usamos el pretérito perfecto para referirnos a acciones o a acontecimientos ocurridos en un momento pasado no definido. No se dice cuándo ha ocurrido la acción porque no interesa o no se sabe. Se acompaña de marcadores como

MÁS GRAMÁTICA

ya / **todavía no**; **siempre** / **nunca** / **alguna vez** /**una vez** / **dos veces** / **muchas veces**.

- ● *¿**Ya has hecho** los deberes?*
- ○ *No, es que **todavía no he tenido** tiempo.*

- ● ***Nunca he probado** la paella.*
- ● *¿**Has estado alguna vez** en Murcia?*
- ● ***Siempre he tenido** ganas de estudiar música.*

▶ También usamos el pretérito perfecto para situar una acción en un tiempo que tiene relación con el presente.

- ● ***Este mes he trabajado** mucho.*
- ● ***Esta semana ha hecho** un calor insoportable.*

▶ Y para referirnos a acciones muy vinculadas al momento actual.

- ● ***Hace un rato he hablado** con tu hermana.*

PRETÉRITO INDEFINIDO

	HABLAR	**BEB**ER	**ESCRIB**IR
(yo)	habl**é**	beb**í**	escrib**í**
(tú)	habl**aste**	beb**iste**	escrib**iste**
(él/ella/usted)	habl**ó**	beb**ió**	escrib**ió**
(nosotros/nosotras)	habl**amos**	beb**imos**	escrib**imos**
(vosotros/vosotras)	habl**asteis**	beb**isteis**	escrib**isteis**
(ellos/ellas/ustedes)	habl**aron**	beb**ieron**	escrib**ieron**

▶ El pretérito indefinido se usa para relatar acciones ocurridas en un pasado concreto, no relacionado con el presente, que se presentan como concluidas. Se acompaña de marcadores como:

- fechas (**en 1990, en 2003, el 8 de septiembre, en enero**...)
- **ayer, anoche, anteayer**
- **el lunes, el martes**...
- **el mes pasado, la semana pasada**, etc.

- ● ***Anoche cené** con unos amigos.*
- ● ***El mes pasado descubrí** un restaurante genial.*

IRREGULARIDADES EN EL PRETÉRITO INDEFINIDO

CIERRE VOCÁLICO: E > I, O > U

▶ El cambio de **e** por **i** se produce en muchos verbos de la tercera conjugación en los que la última vocal de la raíz es **e**, como **pedir**. La **e** se convierte en **i** en las terceras personas del singular y del plural. Sucede lo mismo con los verbos de la

tercera conjugación en los que la última vocal de la raíz es **o**, como **dormir**. En estos casos, la **o** se convierte en **u** en las terceras personas del singular y del plural.

	PEDIR	DORMIR
(yo)	pedí	dormí
(tú)	pediste	dormiste
(él/ella/usted)	pidió	durmió
(nosotros/nosotras)	pedimos	dormimos
(vosotros/vosotras)	pedisteis	dormisteis
(ellos/ellas/ustedes)	pidieron	durmieron

RUPTURA DEL TRIPTONGO

▶ Cuando la raíz de un verbo en **-er/-ir** termina en vocal, en las terceras personas la **i** se convierte en **y**.

caer → **ca**y**ó** / **ca**y**eron**
huir → **hu**y**ó** / **hu**y**eron**
construir → **constru**y**ó** / **constru**y**eron**

CAMBIOS ORTOGRÁFICOS

▶ Para conjugar los verbos que terminan en **-car, -gar, -guar** y **-zar**, debemos tener en cuenta las reglas ortográficas.

acer**car** → **acerqué**   averi**guar** → **averigüé**
lle**gar** → **llegué**   almor**zar** → **almorcé**

VERBOS CON TERMINACIONES IRREGULARES

▶ Los siguientes verbos presentan irregularidades propias en la raíz y tienen unas terminaciones especiales independientemente de la conjugación a la que pertenezcan.

andar → **anduv-**	poder → **pud-**	-e
conducir* → **conduj-**	poner → **pus-**	-iste
decir* → **dij-**	querer → **quis-**	-o
traer* → **traj-**	saber → **sup-**	+ -imos
estar → **estuv-**	tener → **tuv-**	-isteis
hacer → **hic-/hiz-**	venir → **vin-**	-ieron

* En la tercera persona del plural, la **i** desaparece (**condujeron**, **dijeron**, **trajeron**). Se conjugan así todos los verbos terminados en **-ucir**.

¡ATENCIÓN!
En la primera y en la tercera personas del singular de los verbos regulares, la sílaba tónica es la última; en los irregulares, en cambio, la sílaba tónica es la penúltima.

VERBOS IR Y SER

▶ Los verbos **ir** y **ser** tienen la misma forma en pretérito indefinido.

	IR / SER
(yo)	**fui**
(tú)	**fuiste**
(él/ella/usted)	**fue**
(nosotros/nosotras)	**fuimos**
(vosotros/vosotras)	**fuisteis**
(ellos/ellas/ustedes)	**fueron**

IMPERATIVO

IMPERATIVO AFIRMATIVO

▶ El imperativo afirmativo en español tiene cuatro formas: **tú** y **vosotros/-as** (más informal), **usted** y **ustedes** (más formal).

	COMPRAR	COMER	VIVIR
(tú)	compra	come	vive
(vosotros/vosotras)	comprad	comed	vivid
(usted)	compre	coma	viva
(ustedes)	compren	coman	vivan

▶ La forma para **tú** se obtiene eliminando la **-s** final de la forma correspondiente del presente:

compras → **compra**
comes → **come**
vives → **vive**

▶ Los verbos que en presente de indicativo tienen las irregularidades **E > IE**, **O > UE** y **E > I** mantienen esas irregularidades en las formas **tú**, **usted** y **ustedes** del imperativo:

piensas → **piensa** duermes → **duerme** pides → **pide**
piensa → **piense** duerme → **duerma** pide → **pida**
piensan → **piensen** duermen → **duerman** piden → **pidan**

▶ La forma para **vosotros** se obtiene sustituyendo la **-r** final del infinitivo por una **-d**:

estudiar → estudiad   comer → comed   cerrar → cerrad

▶ Las formas para **usted** y **ustedes** se obtienen cambiando la vocal temática de la forma correspondiente del presente:

estudia → estudie   come → coma   sigue → siga
estudian → estudien   comen → coman   siguen → sigan

▶ Los verbos **ser** e **ir** presentan formas especiales.

	SER	IR
(tú)	**sé**	**ve**
(vosotros/vosotras)	**sed**	**id**
(usted)	**sea**	**vaya**
(ustedes)	**sean**	**vayan**

▶ Con el imperativo afirmativo, los pronombres van después del verbo y forman una sola palabra.

● *Devuélveme las llaves y vete.*

▶ Usamos el imperativo para dar instrucciones.

● **Retire** *el plástico protector y* **coloque** *el aparato sobre una superficie estable.*

▶ Para conceder permiso.

● *¿Puedo entrar un momento?*
○ *Sí, claro.* **Pasa, pasa.**

MÁS GRAMÁTICA

▸ Para ofrecer algo.

● *Toma*, *prueba* *estas galletas. Están buenísimas.*

▸ Para aconsejar.

● *No sé qué hacer. Esta noche tengo una cena de trabajo y no sé qué ponerme.*
○ *Ponte* *el vestido azul, ¿no? Te queda muy bien.*

¡ATENCIÓN!
A veces usamos el imperativo para dar órdenes o pedir acciones, pero solo en situaciones muy jerarquizadas o de mucha confianza. Solemos suavizar este uso con elementos como **por favor**, **venga**, **¿te importa?**, etc., o justificando la petición.

● *Por favor*, *Gutiérrez*, *hágame* *diez copias de estos documentos.*
● *Ven* *conmigo a comprar*, *venga*, *que yo no puedo con todas las bolsas.*

PARTICIPIO

▸ El participio pasado se forma agregando las terminaciones **-ado** en los verbos de la primera conjugación e **-ido** en los verbos de la segunda y de la tercera conjugación.

cantar → **cantado**   beber → **bebido**   vivir → **vivido**

▸ Hay algunos participios irregulares.

abrir*	→ **abierto**	poner	→ **puesto**
decir	→ **dicho**	romper	→ **roto**
escribir	→ **escrito**	ver	→ **visto**
hacer	→ **hecho**	volver	→ **vuelto**
morir	→ **muerto**		

* Todos los verbos terminados en **-brir** tienen un participio irregular acabado en **-bierto**.

▸ El participio tiene dos funciones. Como verbo, acompaña al auxiliar **haber** en los tiempos verbales compuestos y es invariable. Como adjetivo, concuerda con el sustantivo en género y en número y se refiere a situaciones o estados derivados de la acción del verbo. Por eso, en esos casos, se utiliza muchas veces con el verbo **estar**.

Marcos **se ha sorprendido**. → Marcos está **sorprendido**.
Han encendido la luz. → La luz está **encendida**.
Han roto los vasos. → Los vasos están **rotos**.
Han pintado las paredes. → Las paredes están **pintadas**.

GERUNDIO

▸ El gerundio se forma añadiendo la terminación **-ando** a los verbos en **-ar** y la terminación **-iendo** a los verbos en **-er** / **-ir**.

cantar → **cantando**
beber → **bebiendo**
vivir → **viviendo**

▸ Son irregulares los gerundios de los verbos en **-ir** cuya última vocal de la raíz es **e** u **o** (**pedir**, **sentir**, **seguir**, **decir**, **reír**, **freír**, **mentir**, etc.; **dormir**, **morir**).

pedir → **pidiendo**
dormir → **durmiendo**

▸ Cuando la raíz de los verbos en **-er** o en **-ir** acaba en vocal, la terminación del gerundio es **-yendo.**

traer → **trayendo**
construir → **construyendo**

RECUERDA
Con el gerundio, los pronombres se colocan después del verbo, formando una sola palabra.
● *Puedes mejorar tu español* *relacionándote* *con nativos.*

▸ El gerundio puede formar perífrasis con verbos como **estar**, **llevar**, **seguir**, **continuar**, etc.

● *Estos días* *estoy trabajando* *demasiado. Necesito un descanso.*
● *¿Cuánto tiempo* *llevas viviendo* *en el barrio?*

● *¿Y cómo va todo? ¿Sigues trabajando* *en la misma empresa?*
○ *Sí, yo como siempre y Marta también* *continúa dando* *clases.*

▸ También usamos el gerundio para explicar de qué manera se realiza una acción.

● *¿Sabes qué le pasa a Antonio? Ha salido* *llorando*.

● *¿Y cómo consigues estar tan joven?*
○ *Pues* *haciendo* *ejercicio todos los días y* *comiendo* *sano.*

¡ATENCIÓN!
En este tipo de frases, para expresar la ausencia de una acción, usamos **sin** + infinitivo en lugar de **no** + gerundio.
● *¿Qué le pasa a Antonio? Ha salido corriendo* *sin decir* *nada.*

ESTAR + GERUNDIO

▸ Usamos **estar** + gerundio cuando presentamos una acción o una situación presente como algo temporal o no definitivo.

(yo)	estoy	
(tú)	estás	
(él/ella/usted)	está	
(nosotros/nosotras)	estamos	+ gerundio
(vosotros/vosotras)	estáis	
(ellos/ellas/ustedes)	están	

● *¿**Estás viviendo** en Londres? ¡No lo sabía!*

▸ A veces, podemos expresar lo mismo en presente con un marcador temporal: **últimamente**, **desde hace algún tiempo**...

● *Desde hace algunos meses **voy** a clases de yoga.*
▸ Cuando queremos especificar que la acción se está desarrollando en el momento preciso en el que estamos hablando, solo podemos usar **estar** + gerundio.

● *No te puede oír, **está escuchando** música en su cuarto.*
~~No te puede oír, escucha música en su cuarto.~~

▸ Usamos **estar** en pretérito perfecto, indefinido o imperfecto + gerundio para presentar las acciones en su desarrollo.

PRETÉRITO PERFECTO + GERUNDIO

● *Esta tarde **hemos estado probando** la tele nueva.*
● *Estos días **han estado arreglando** el ascensor.*
● *Juan **ha estado** un año **preparando** las oposiciones.*

PRETÉRITO INDEFINIDO + GERUNDIO

● *Ayer **estuvimos probando** la tele nueva.*
● *El otro día **estuvieron arreglando** el ascensor.*
● *Juan **estuvo** un año **preparando** las oposiciones.*

! **¡ATENCIÓN!**
Si queremos expresar la ausencia total de una acción durante un periodo de tiempo, podemos usar **estar sin** + infinitivo.

● *Paco **ha estado** dos días **sin hablar** con nadie. ¿Tú crees que le pasa algo?*

IMPERSONALIDAD

▸ En español, podemos expresar la impersonalidad de varias maneras. Una de ellas es con la construcción **se** + verbo en tercera persona.

● *El gazpacho **se hace** con tomate, pimiento, cebolla, ajo...*
● *¿Tú sabes cómo **se hacen** los huevos estrellados?*

▸ Otra manera de expresar impersonalidad, cuando no podemos o no nos interesa especificar quién realiza una acción, es usar la tercera persona del plural.

● *¿Sabes si ya **han arreglado** la calefacción?*
● *¿Te has enterado? **Han descubierto** un nuevo planeta.*

SER / ESTAR / HABER

▸ Para ubicar algo en el espacio, usamos el verbo **estar**.

● *El ayuntamiento **está** bastante lejos del centro.*

▸ Pero si informamos acerca de la existencia, usamos **hay** (del verbo **haber**). Es una forma única para el presente, y solo existe en tercera persona. Se utiliza para hablar tanto de objetos en singular como en plural.

● *Cerca de mi casa **hay** un parque enorme.*
● *En la fiesta **hubo** momentos muy divertidos.*
● *¿**Había** mucha gente en el concierto?*

▸ Para informar sobre la ubicación de un evento ya mencionado, usamos **ser**.

● *La reunión **es** en mi casa.*

▸ Con adjetivos, usamos **ser** para hablar de las características esenciales del sustantivo y **estar** para expresar una condición o un estado especial en un momento determinado.

● *Lucas **es** rubio.*
● *Este coche **es** nuevo.*
● *Lucas **está** enfadado.*
● *El coche **está** averiado.*

▸ También usamos **ser** cuando identificamos algo o a alguien o cuando hablamos de las características inherentes a algo.

● *Alba **es** una amiga mía.*   ~~Alba está una amiga mía.~~

▸ Con los adverbios **bien** / **mal**, usamos únicamente **estar**.

● *El concierto **ha estado** muy bien, ¿no?*
~~El concierto ha sido muy bien, ¿no?~~

VERBOS

REGULARES

PRESENTE	PRETÉRITO IMPERFECTO	PRETÉRITO INDEFINIDO	PRETÉRITO PERFECTO verbo **haber** + participio	IMPERATIVO AFIRMATIVO
estudiar Gerundio: **estudi**ando Participio: **estudi**ado				
estudi**o** estudi**as** estudi**a** estudi**amos** estudi**áis** estudi**an**	estudi**aba** estudi**abas** estudi**aba** estudi**ábamos** estudi**abais** estudi**aban**	estudi**é** estudi**aste** estudi**ó** estudi**amos** estudi**asteis** estudi**aron**	he estudi**ado** has estudi**ado** ha estudi**ado** hemos estudi**ado** habéis estudi**ado** han estudi**ado**	estudi**a** estudi**e** estudi**ad** estudi**en**
comer Gerundio: **com**iendo Participio: **com**ido				
com**o** com**es** com**e** com**emos** com**éis** com**en**	com**ía** com**ías** com**ía** com**íamos** com**íais** com**ían**	com**í** com**iste** com**ió** com**imos** com**isteis** com**ieron**	he com**ido** has com**ido** ha com**ido** hemos com**ido** habéis com**ido** han com**ido**	com**e** com**a** com**ed** com**an**
vivir Gerundio: **viv**iendo Participio: **viv**ido				
viv**o** viv**es** viv**e** viv**imos** viv**ís** viv**en**	viv**ía** viv**ías** viv**ía** viv**íamos** viv**íais** viv**ían**	viv**í** viv**iste** viv**ió** viv**imos** viv**isteis** viv**ieron**	he viv**ido** has viv**ido** ha viv**ido** hemos viv**ido** habéis viv**ido** han viv**ido**	viv**e** viv**a** viv**id** viv**an**

PARTICIPIOS IRREGULARES

abrir	**abierto**	freír	**frito / freído**	poner	**puesto**
cubrir	**cubierto**	hacer	**hecho**	romper	**roto**
decir	**dicho**	ir	**ido**	ver	**visto**
escribir	**escrito**	morir	**muerto**	volver	**vuelto**
resolver	**resuelto**				

IRREGULARES

actuar Gerundio: **actuando** Participio: **actuado**

PRESENTE	PRETÉRITO INDEFINIDO	PRETÉRITO PERFECTO	IMPERATIVO AFIRMATIVO
actúo	actué	he actuado	
actúas	actuaste	has actuado	actúa
actúa	actuó	ha actuado	actúe
actuamos	actuamos	hemos actuado	
actuáis	actuasteis	habéis actuado	actuad
actúan	actuaron	han actuado	actúen

andar Gerundio: **andando** Participio: **andado**

PRESENTE	PRETÉRITO INDEFINIDO	PRETÉRITO PERFECTO	IMPERATIVO AFIRMATIVO
ando	anduve	he andado	
andas	anduviste	has andado	anda
anda	anduvo	ha andado	ande
andamos	anduvimos	hemos andado	
andáis	anduvisteis	habéis andado	andad
andan	anduvieron	han andado	anden

buscar Gerundio: **buscando** Participio: **buscado**

PRESENTE	PRETÉRITO INDEFINIDO	PRETÉRITO PERFECTO	IMPERATIVO AFIRMATIVO
busco	busqué	he buscado	
buscas	buscaste	has buscado	busca
busca	buscó	ha buscado	busque
buscamos	buscamos	hemos buscado	
buscáis	buscasteis	habéis buscado	buscad
buscan	buscaron	han buscado	busquen

coger Gerundio: **cogiendo** Participio: **cogido**

PRESENTE	PRETÉRITO INDEFINIDO	PRETÉRITO PERFECTO	IMPERATIVO AFIRMATIVO
cojo	cogí	he cogido	
coges	cogiste	has cogido	coge
coge	cogió	ha cogido	coja
cogemos	cogimos	hemos cogido	
cogéis	cogisteis	habéis cogido	coged
cogen	cogieron	han cogido	cojan

comenzar Gerundio: **comenzando** Participio: **comenzado**

PRESENTE	PRETÉRITO INDEFINIDO	PRETÉRITO PERFECTO	IMPERATIVO AFIRMATIVO
comienzo	comencé	he comenzado	
comienzas	comenzaste	has comenzado	comienza
comienza	comenzó	ha comenzado	comience
comenzamos	comenzamos	hemos comenzado	
comenzáis	comenzasteis	habéis comenzado	comenzad
comienzan	comenzaron	han comenzado	comiencen

conocer Gerundio: **conociendo** Participio: **conocido**

PRESENTE	PRETÉRITO INDEFINIDO	PRETÉRITO PERFECTO	IMPERATIVO AFIRMATIVO
conozco	conocí	he conocido	
conoces	conociste	has conocido	conoce
conoce	conoció	ha conocido	conozca
conocemos	conocimos	hemos conocido	
conocéis	conocisteis	habéis conocido	conoced
conocen	conocieron	han conocido	conozcan

dar Gerundio: **dando** Participio: **dado**

PRESENTE	PRETÉRITO INDEFINIDO	PRETÉRITO PERFECTO	IMPERATIVO AFIRMATIVO
doy	di	he dado	
das	diste	has dado	da
da	dio	ha dado	dé
damos	dimos	hemos dado	
dais	disteis	habéis dado	dad
dan	dieron	han dado	den

dirigir Gerundio: **dirigiendo** Participio: **dirigido**

PRESENTE	PRETÉRITO INDEFINIDO	PRETÉRITO PERFECTO	IMPERATIVO AFIRMATIVO
dirijo	dirigí	he dirigido	
diriges	dirigiste	has dirigido	dirige
dirige	dirigió	ha dirigido	dirija
dirigimos	dirigimos	hemos dirigido	
dirigís	dirigisteis	habéis dirigido	dirigid
dirigen	dirigieron	han dirigido	dirijan

adquirir Gerundio: **adquiriendo** Participio: **adquirido**

PRESENTE	PRETÉRITO INDEFINIDO	PRETÉRITO PERFECTO	IMPERATIVO AFIRMATIVO
adquiero	adquirí	he adquirido	
adquieres	adquiriste	has adquirido	adquiere
adquiere	adquirió	ha adquirido	adquiera
adquirimos	adquirimos	hemos adquirido	
adquirís	adquiristeis	habéis adquirido	adquirid
adquieren	adquirieron	han adquirido	adquieran

averiguar Gerundio: **averiguando** Participio: **averiguado**

PRESENTE	PRETÉRITO INDEFINIDO	PRETÉRITO PERFECTO	IMPERATIVO AFIRMATIVO
averiguo	averigüé	he averiguado	
averiguas	averiguaste	has averiguado	averigua
averigua	averiguó	ha averiguado	averigüe
averiguamos	averiguamos	hemos averiguado	
averiguáis	averiguasteis	habéis averiguado	averiguad
averiguan	averiguaron	han averiguado	averigüen

caer Gerundio: **cayendo** Participio: **caído**

PRESENTE	PRETÉRITO INDEFINIDO	PRETÉRITO PERFECTO	IMPERATIVO AFIRMATIVO
caigo	caí	he caído	
caes	caíste	has caído	cae
cae	cayó	ha caído	caiga
caemos	caímos	hemos caído	
caéis	caísteis	habéis caído	caed
caen	cayeron	han caído	caigan

colgar Gerundio: **colgando** Participio: **colgado**

PRESENTE	PRETÉRITO INDEFINIDO	PRETÉRITO PERFECTO	IMPERATIVO AFIRMATIVO
cuelgo	colgué	he colgado	
cuelgas	colgaste	has colgado	cuelga
cuelga	colgó	ha colgado	cuelgue
colgamos	colgamos	hemos colgado	
colgáis	colgasteis	habéis colgado	colgad
cuelgan	colgaron	han colgado	cuelguen

conducir Gerundio: **conduciendo** Participio: **conducido**

PRESENTE	PRETÉRITO INDEFINIDO	PRETÉRITO PERFECTO	IMPERATIVO AFIRMATIVO
conduzco	conduje	he conducido	
conduces	condujiste	has conducido	conduce
conduce	condujo	ha conducido	conduzca
conducimos	condujimos	hemos conducido	
conducís	condujisteis	habéis conducido	conducid
conducen	condujeron	han conducido	conduzcan

contar Gerundio: **contando** Participio: **contado**

PRESENTE	PRETÉRITO INDEFINIDO	PRETÉRITO PERFECTO	IMPERATIVO AFIRMATIVO
cuento	conté	he contado	
cuentas	contaste	has contado	cuenta
cuenta	contó	ha contado	cuente
contamos	contamos	hemos contado	
contáis	contasteis	habéis contado	contad
cuentan	contaron	han contado	cuenten

decir Gerundio: **diciendo** Participio: **dicho**

PRESENTE	PRETÉRITO INDEFINIDO	PRETÉRITO PERFECTO	IMPERATIVO AFIRMATIVO
digo	dije	he dicho	
dices	dijiste	has dicho	di
dice	dijo	ha dicho	diga
decimos	dijimos	hemos dicho	
decís	dijisteis	habéis dicho	decid
dicen	dijeron	han dicho	digan

distinguir Gerundio: **distinguiendo** Participio: **distinguido**

PRESENTE	PRETÉRITO INDEFINIDO	PRETÉRITO PERFECTO	IMPERATIVO AFIRMATIVO
distingo	distinguí	he distinguido	
distingues	distinguiste	has distinguido	distingue
distingue	distinguió	ha distinguido	distinga
distinguimos	distinguimos	hemos distinguido	
distinguís	distinguisteis	habéis distinguido	distinguid
distinguen	distinguieron	han distinguido	distingan

VERBOS

PRESENTE	PRETÉRITO INDEFINIDO	PRETÉRITO PERFECTO	IMPERATIVO AFIRMATIVO
dormir Gerundio: **durmiendo** Participio: **dormido**			
duermo	dormí	he dormido	
duermes	dormiste	has dormido	duerme
duerme	durmió	ha dormido	duerma
dormimos	dormimos	hemos dormido	
dormís	dormisteis	habéis dormido	dormid
duermen	durmieron	han dormido	duerman
estar Gerundio: **estando** Participio: **estado**			
estoy	estuve	he estado	
estás	estuviste	has estado	está
está	estuvo	ha estado	esté
estamos	estuvimos	hemos estado	
estáis	estuvisteis	habéis estado	estad
están	estuvieron	han estado	estén
haber Gerundio: **habiendo** Participio: **habido**			
he	hube		
has	hubiste		he*
ha / hay*	hubo	ha habido	
hemos	hubimos		
habéis	hubisteis		
han	hubieron		
*impersonal			*única forma en uso
incluir Gerundio: **incluyendo** Participio: **incluido**			
incluyo	incluí	he incluido	
incluyes	incluiste	has incluido	incluye
incluye	incluyó	ha incluido	incluya
incluimos	incluimos	hemos incluido	
incluís	incluisteis	habéis incluido	incluid
incluyen	incluyeron	han incluido	incluyan
jugar Gerundio: **jugando** Participio: **jugado**			
juego	jugué	he jugado	
juegas	jugaste	has jugado	juega
juega	jugó	ha jugado	juegue
jugamos	jugamos	hemos jugado	
jugáis	jugasteis	habéis jugado	jugad
juegan	jugaron	han jugado	jueguen
llegar Gerundio: **llegando** Participio: **llegado**			
llego	llegué	he llegado	
llegas	llegaste	has llegado	llega
llega	llegó	ha llegado	llegue
llegamos	llegamos	hemos llegado	
llegáis	llegasteis	hebéis llegado	llegad
llegan	llegaron	han llegado	lleguen
oír Gerundio: **oyendo** Participio: **oído**			
oigo	oí	he oído	
oyes	oíste	has oído	oye
oye	oyó	ha oído	oiga
oímos	oímos	hemos oído	
oís	oísteis	habéis oído	oíd
oyen	oyeron	han oído	oigan
perder Gerundio: **perdiendo** Participio: **perdido**			
pierdo	perdí	he perdido	
pierdes	perdiste	has perdido	pierde
pierde	perdió	ha perdido	pierda
perdemos	perdimos	hemos perdido	
perdéis	perdisteis	habéis perdido	perded
pierden	perdieron	han perdido	pierdan

PRESENTE	PRETÉRITO INDEFINIDO	PRETÉRITO PERFECTO	IMPERATIVO AFIRMATIVO
enviar Gerundio: **enviando** Participio: **enviado**			
envío	envié	he enviado	
envías	enviaste	has enviado	envía
envía	envió	ha enviado	envíe
enviamos	enviamos	hemos enviado	
enviáis	enviasteis	habéis enviado	enviad
envían	enviaron	han enviado	envíen
fregar Gerundio: **fregando** Participio: **fregado**			
friego	fregué	he fregado	
friegas	fregaste	has fregado	friega
friega	fregó	ha fregado	friegue
fregamos	fregamos	hemos fregado	
fregáis	fregasteis	habéis fregado	fregad
friegan	fregaron	han fregado	frieguen
hacer Gerundio: **haciendo** Participio: **hecho**			
hago	hice	he hecho	
haces	hiciste	has hecho	haz
hace	hizo	ha hecho	haga
hacemos	hicimos	hemos hecho	
hacéis	hicisteis	habéis hecho	haced
hacen	hicieron	han hecho	hagan
ir Gerundio: **yendo** Participio: **ido**			
voy	fui	he ido	
vas	fuiste	has ido	ve
va	fue	ha ido	vaya
vamos	fuimos	hemos ido	
vais	fuisteis	habéis ido	id
van	fueron	han ido	vayan
leer Gerundio: **leyendo** Participio: **leído**			
leo	leí	he leído	
lees	leíste	has leído	lee
lee	leyó	ha leído	lea
leemos	leímos	hemos leído	
leéis	leísteis	habéis leído	leed
leen	leyeron	han leído	lean
mover Gerundio: **moviendo** Participio: **movido**			
muevo	moví	he movido	
mueves	moviste	has movido	mueve
mueve	movió	ha movido	mueva
movemos	movimos	hemos movido	
movéis	movisteis	habéis movido	moved
mueven	movieron	han movido	muevan
pensar Gerundio: **pensando** Participio: **pensado**			
pienso	pensé	he pensado	
piensas	pensaste	has pensado	piensa
piensa	pensó	ha pensado	piense
pensamos	pensamos	hemos pensado	
pensáis	pensasteis	habéis pensado	pensad
piensan	pensaron	han pensado	piensen
poder Gerundio: **pudiendo** Participio: **podido**			
puedo	pude	he podido	
puedes	pudiste	has podido	puede
puede	pudo	ha podido	pueda
podemos	pudimos	hemos podido	
podéis	pudisteis	habéis podido	poded
pueden	pudieron	han podido	puedan

PRESENTE	PRETÉRITO INDEFINIDO	PRETÉRITO PERFECTO	IMPERATIVO AFIRMATIVO
poner Gerundio: **poniendo** Participio: **puesto**			
pongo	puse	he puesto	
pones	pusiste	has puesto	pon
pone	puso	ha puesto	ponga
ponemos	pusimos	hemos puesto	
ponéis	pusisteis	habéis puesto	poned
ponen	pusieron	han puesto	pongan
reír Gerundio: **riendo** Participio: **reído**			
río	reí	he reído	
ríes	reíste	has reído	ríe
ríe	rió	ha reído	ría
reímos	reímos	hemos reído	
reís	reísteis	habéis reído	reíd
ríen	rieron	han reído	rían
saber Gerundio: **sabiendo** Participio: **sabido**			
sé	supe	he sabido	
sabes	supiste	has sabido	sabe
sabe	supo	ha sabido	sepa
sabemos	supimos	hemos sabido	
sabéis	supisteis	habéis sabido	sabed
saben	supieron	han sabido	sepan
sentir Gerundio: **sintiendo** Participio: **sentido**			
siento	sentí	he sentido	
sientes	sentiste	has sentido	siente
siente	sintió	ha sentido	sienta
sentimos	sentimos	hemos sentido	
sentís	sentisteis	habéis sentido	sentid
sienten	sintieron	han sentido	sientan
servir Gerundio: **sirviendo** Participio: **servido**			
sirvo	serví	he servido	
sirves	serviste	has servido	sirve
sirve	sirvió	ha servido	sirva
servimos	servimos	hemos servido	
servís	servisteis	habéis servido	servid
sirven	sirvieron	han servido	sirvan
traer Gerundio: **trayendo** Participio: **traído**			
traigo	traje	he traído	
traes	trajiste	has traído	trae
trae	trajo	ha traído	traiga
traemos	trajimos	hemos traído	
traéis	trajisteis	habéis traído	traed
traen	trajeron	han traído	traigan
valer Gerundio: **valiendo** Participio: **valido**			
valgo	valí	he valido	
vales	valiste	has valido	vale
vale	valió	ha valido	valga
valemos	valimos	hemos valido	
valéis	valisteis	habéis valido	valed
valen	valieron	han valido	valgan
venir Gerundio: **viniendo** Participio: **venido**			
vengo	vine	he venido	
vienes	viniste	has venido	ven
viene	vino	ha venido	venga
venimos	vinimos	hemos venido	
venís	vinisteis	habéis venido	venid
vienen	vinieron	han venido	vengan

PRESENTE	PRETÉRITO INDEFINIDO	PRETÉRITO PERFECTO	IMPERATIVO AFIRMATIVO
querer Gerundio: **queriendo** Participio: **querido**			
quiero	quise	he querido	
quieres	quisiste	has querido	quiere
quiere	quiso	ha querido	quiera
queremos	quisimos	hemos querido	
queréis	quisisteis	habéis querido	quered
quieren	quisieron	han querido	quieran
reunir Gerundio: **reuniendo** Participio: **reunido**			
reúno	reuní	he reunido	
reúnes	reuniste	has reunido	reúne
reúne	reunió	ha reunido	reúna
reunimos	reunimos	hemos reunido	
reunís	reunisteis	habéis reunido	reunid
reúnen	reunieron	han reunido	reúnan
salir Gerundio: **saliendo** Participio: **salido**			
salgo	salí	he salido	
sales	saliste	has salido	sal
sale	salió	ha salido	salga
salimos	salimos	hemos salido	
salís	salisteis	habéis salido	salid
salen	salieron	han salido	salgan
ser Gerundio: **siendo** Participio: **sido**			
soy	fui	he sido	
eres	fuiste	has sido	sé
es	fue	ha sido	sea
somos	fuimos	hemos sido	
sois	fuisteis	habéis sido	sed
son	fueron	han sido	sean
tener Gerundio: **teniendo** Participio: **tenido**			
tengo	tuve	he tenido	
tienes	tuviste	has tenido	ten
tiene	tuvo	ha tenido	tenga
tenemos	tuvimos	hemos tenido	
tenéis	tuvisteis	habéis tenido	tened
tienen	tuvieron	han tenido	tengan
utilizar Gerundio: **utilizando** Participio: **utilizado**			
utilizo	utilicé	he utilizado	
utilizas	utilizaste	has utilizado	utiliza
utiliza	utilizó	ha utilizado	utilice
utilizamos	utilizamos	hemos utilizado	
utilizáis	utilizasteis	habéis utilizado	utilizad
utilizan	utilizaron	han utilizado	utilicen
vencer Gerundio: **venciendo** Participio: **vencido**			
venzo	vencí	he vencido	
vences	venciste	has vencido	vence
vence	venció	ha vencido	venza
vencemos	vencimos	hemos vencido	
vencéis	vencisteis	habéis vencido	venced
vencen	vencieron	han vencido	venzan
ver Gerundio: **viendo** Participio: **visto**			
veo	vi	he visto	
ves	viste	has visto	ve
ve	vio	ha visto	vea
vemos	vimos	hemos visto	
veis	visteis	habéis visto	ved
ven	vieron	han visto	vean

GLOSARIO
alfabético

Abreviaturas empleadas:

f   femenino
m   masculino
pl   plural

Se indican entre paréntesis las irregularidades de los verbos en presente de indicativo: (g), (i), (ie), (ue), (y), (zc).

Ubicación de las palabras en el Libro del alumno:

U1_CON   unidad 1, índice de contenidos (parte superior de la segunda página de cada unidad)
U2_12A   unidad 2, actividad 12, apartado A
U3_GR   unidad 3, página de gramática
U3_EC   unidad 3, sección "En construcción"

100 metros lisos *m*	U2_2A

A

a base de	U7_3A
a caballo	U6_12A
a diario	U9_2A
a la cola de	U3_12A
a la derecha (de)	U4_4A
a la izquierda (de)	U4_4A
a la plancha	U7_5A
a las ... y media	U6_GR
a los ... años	U2_8B
a menos de	U9_3B
a menudo	U7_2B
a partir de	U2_8B
a peso	U7_8A
a pie	U6_12A
a primera vista	U2_7A
a principios de	U8_3A
a ritmo de	U9_13A
a ser posible	U3_2B
a todo volumen	U5_9
a veces	U1_6A
abajo	U7_6C
abandonar	U2_8B
abarcar	U6_12A
abarrotado/-a	U5_13A
abierto/-a	U3_11B
abogado/-a	U3_2B
abrazo *m*	U5_2A
abrir	U5_6A
abuelo/-a materno/-a	U1_1A
abuelo/-a paterno/-a	U1_1A
aburrimiento *m*	U9_3B
acá	U3_7A
acabar	U2_2A
acabar con	U7_3A
academia de idiomas *f*	U1_4A
academia *f*	U1_2A
acantilado *m*	U6_12A
acceder	U8_12A
acceso *m*	U6_12A
accidente de tráfico *m*	U2_8A
accidente *m*	U2_7A

acción *f*	U2_3A
aceite de oliva *m*	U7_4A
aceite esencial *m*	U9_1A
aceite *m*	U7_12A
aceituna *f*	U7_8A
acento *m*	U1_3A
aceptado/-a	U8_12A
aceptar	U2_8A
acercar	U5_GR
acercarse	U1_11A
acné *m*	U9_1A
acogedor/-a	U4_3A
acompañado/-a	U6_2A
acompañar	U7_4A
aconsejable	U7_5A
aconsejar	U9_GR
acontecimiento *m*	U2_CON
acordarse (ue)	U1_6A
acostarse (ue)	U2_5A
actividad de ocio *f*	U6_CON
actividad *f*	U4_8A
actividad física *f*	U1_9
actividad oral *f*	U1_2A
activo/-a	U3_2B
actor *m*, actriz *f*	U1_11B
actor revelación *m*, actriz revelación *f*	U2_11A
actualidad *f*	U1_5
actualmente	U3_2B
actuar	U2_11A
acuario *m*	U8_2A
acuático/-a	U9_13A
adelgazar	U5_4A
adelgazar	U7_5A
además	U1_3A
adiós	U5_1B
adjetivo *m*	U3_7B
Administración Pública *f, pl*	U6_7A
admirar	U8_12A
adolescente *m/f*	U9_6D
adulto/-a	U3_12B
aeróbico/-a	U9_13A
afectar	U1_3A
afeitarse	U4_8C
afirmar	U3_12B
África	U2_8A
afroamericano/-a	U2_2A
afueras *f, pl*	U3_12B

agacharse	U9_2A	alrededor	U5_13A
agarrar	U8_6A	Altiplano andino *m*	U8_12A
agencia	U3_2B	altitud *f*	U5_4A
inmobiliaria *f*		alto/-a	U3_2B
agradable	U1_3A	alto/-a	U4_2B
agradecer *(zc)*	U5_3B	aluminio *m*	U4_GR
agua con gas *f*	U5_1B	ama de casa *f*	U3_12B
agua *f*	U4_6A	amable	U5_10A
aguacate *m*	U7_4A	amante *m/f*	U2_11A
ahí	U3_8	ambiente *m*	U5_13A
ahora	U2_4A	América	U2_2A
ahora mismo	U5_12B	América Latina	U2_5A
ahorrar	U5_11B	amigo/-a	U1_2A
aikido *m*	U9_13A	ampliar	U4_10A
aire	U4_9D	amplio/-a	U2_6A
acondicionado *m*		amplio/-a	U6_2A
ajedrez *m*	U6_1A	amueblado/-a	U4_6A
ajeno/-a	U2_11A	amueblar	U4_2A
ajo *m*	U7_4A	analítico/-a	U1_9
ajustado/-a	U9_2A	anemia *f*	U9_1A
al contrario	U2_GR	anglosajón/-ona	U9_3B
al día	U1_4A	animado/-a	U5_13A
al final	U3_12B	animal *m*	U6_12A
al lado (de)	U4_4A	animar	U5_13A
al principio	U7_5B	anís *m*	U9_8A
al vapor	U7_6C	anoche	U2_5A
álbum *m*	U2_2A	anotar	U1_9
alcachofa *f*	U7_5A	ansiedad *f*	U1_3A
alegrarse	U5_2A	ansioso/-a	U9_7A
alegre	U3_2B	anteayer	U2_GR
alegría *f*	U3_12B	anterior	U6_GR
alemán *m*	U1_1B	antes de	U7_5A
alemán/-ana	U1_1B	Antigüedad *f*	U9_1A
alérgico/-a	U7_2C	antiguo/-a	U4_2A
alfombra *f*	U4_3A	antipático/-a	U8_5C
algo	U2_1	añadir	U7_4A
alguien	U3_CON	año *m*	U1_2C
alguna vez	U8_4A	año pasado *m*	U2_4A
alguno (algún)/-a	U1_2A	años 20	U2_4E
alimentación *f*	U3_11B	aparecer *(zc)*	U1_3A
alimentar	U7_3A	apartamento *m*	U4_2A
alimentario/-a	U7_CON	aparte de	U3_7A
alimentarse	U7_5A	apellidos *m, pl*	U2_6A
allá	U4_6A	aperitivo *m*	U5_13A
allí	U2_4A	apetecer	U5_10A
almendra *f*	U7_3A	aplastar	U7_4A
alpinismo *m*	U6_12A	aportar	U7_3A
alquilar	U4_1A	apoyar	U2_8B
alquiler *m*	U4_6A	aprender	U1_3A

aprendizaje *m*	U1_3A
aproximadamente	U9_3B
apto/-a	U6_2A
apuntarse	U6_7B
aquello/-a	U7_GR
aquí	U1_4A
Argentina	U2_8B
armario *m*	U4_7A
aro *m*	U8_6A
aromaterapia *f*	U9_1A
arquitecto/-a	U1_11B
arquitectónico/-a	U8_12A
arquitectura *f*	U8_2A
arriba	U4_10A
arroz *m*	U7_2A
arte contemporáneo *m*	U8_11A
arte *m*	U6_2A
artículo *m*	U8_6C
artículo *m* (periodístico)	U8_CON
artista *m/f*	U4_9A
asado/-a	U7_5A
asar	U7_GR
ascensor *m*	U4_2A
aseo *m*	U4_2A
así que	U1_4A
Asia	U1_4A
asiático/-a	U9_3B
aspecto físico *m*	U9_7B
aspecto *m*	U7_12A
aspirina *f*	U6_4A
asunto *m*	U8_5A
ático *m*	U4_2A
atlético/-a	U3_2B
atracción *f*	U8_2A
atravesado/-a	U8_2A
auditivo/-a	U1_9
auditorio *m*	U8_2A
aula *f*	U1_3A
aún	U1_4A
auténtico/-a	U8_3A
autobús *m*	U5_8A
autónomo/-a	U1_9
autor/a	U8_1A
avellana *f*	U7_12A
aventura *f*	U6_12A
avión *m*	U8_6C
ayer	U5_7A

ayuda *f*	U4_6A
ayudar	U1_6C
ayuntamiento *m*	U4_10A
azafata *f*	U5_9
azteca	U4_3A
azúcar *m/f*	U7_2A
azul *m*	U2_11A

B

bahía *f*	U8_1A
bailar	U3_2B
bajarse	U5_10B
bajito/-a	U3_4A
bajo	U2_11A
bajo/-a	U8_12A
bajo/-a	U4_2B
balcón *m*	U4_2A
ballena *f*	U8_1B
balneario *m*	U9_12A
banco *m*	U5_13A
baño *m*	U4_2A
baño *m*	U8_2A
bar *m*	U1_4A
barato/-a	U4_6A
barba *f*	U3_GR
barco *m*	U2_4A
barra *f*	U7_2A
barrio *m*	U4_6A
bastante	U1_3A
bastante bien	U1_4A
batir	U7_6B
bebé *m*	U3_12A
beber	U7_3A
bebida *f*	U5_9
beca *f*	U1_4A
beis *m*	U4_3A
berberecho *m*	U7_2A
beso *m*	U8_5A
besote *m*	U6_6A
biblioteca *f*	U4_9D
bici *f*	U8_1A
bien	U3_5B
bien situado/-a	U4_2A
bienvenido/-a	U4_6A
bigote *m*	U3_2B
bingo *m*	U5_5
biografía *f*	U1_8A
biológico/-a	U6_9A
bisabuelo/-a	U2_4E

bistec de ternera *m*	U7_2A	caja *f*	U7_2A
bizcocho *m*	U7_11B	cala *f*	U6_12A
blanco *m*	U8_12A	calefacción *f*	U4_6A
blanco/-a	U4_3A	calentar *(ie)*	U7_4A
blandito/-a	U7_6B	calidad de vida *f*	U7_3A
boca abajo	U9_2A	calidad *f*	U7_12A
boca *f*	U9_4A	caliente	U9_6B
boda *f*	U3_12A	callarse	U5_10A
boli *m*	U5_10A	calle *f*	U4_5C
bolígrafo *m*	U5_GR	calle peatonal *f*	U4_4B
Bolivia	U2_8B	callejero/-a	U5_13A
boliviano/-a	U2_8B	calvo/-a	U3_2B
bolsa de plástico *m*	U9_8A	calzado *m*	U9_2A
bolsa *f*	U5_12B	cama *f*	U4_7A
bolsillo *m*	U9_3B	camarero/-a	U2_6A
bolso *m*	U8_6C	cambiar de trabajo	U2_GR
bonito/-a	U4_3A	caminar	U8_1A
bordear	U8_2A	camino *m*	U2_11A
bosque *m*	U6_12A	camisa *f*	U3_8
bote *m*	U7_8B	camiseta *f*	U3_4B
botella *f*	U7_8B	campo *m*	U3_2B
boxeo *m*	U9_2A	canción *f*	U1_7A
brazo *m*	U9_2A	cansado/-a	U9_3B
buen humor *m*	U3_5A	Cantábrico *m*	U8_2A
buen/mal carácter *m*	U3_2B	cantante de ópera *m/f*	U1_11B
buena/mala educación	U7_10C	cantante *m/f*	U1_11B
buenas/malas condiciones	U7_3A	cantar	U5_5
buenísimo/-a	U5_4A	cantidad *f*	U7_3A
bueno	U5_2A	canto *m*	U1_4A
bueno/-a	U2_3A	caña *f*	U5_1B
buscar	U1_7A	capa *f*	U8_12A
buscar piso	U4_6A	capilla de mármol *f*	U8_12A
buscar trabajo	U5_11B	capital *f*	U4_1A
		capoeira *f*	U9_13A
C		cápsula *f*	U7_5A
cabeza *f*	U3_4A	cara *f*	U1_6C
cacao *m*	U7_11C	carácter *m*	U3_2B
cada	U3_12A	característica *f*	U4_9C
cada día	U1_4A	cargo *m*	U2_8A
cada uno/-a	U1_9	caribeño/-a	U8_1A
cada vez	U3_12B	cariño *m*	U9_3B
caer bien/mal	U5_8B	cariñoso/-a	U3_2B
caer genial	U8_5A	carmen *m*	U4_10A
caerse el pelo	U9_6D	carne *f*	U7_1A
café con leche *m*	U8_GR	carné *m*	U6_2A
café *m*	U7_2A	caro/-a	U2_3B
caída del cabello *f*	U9_1A	carrera *f* (universitaria)	U2_6A

carrito *m*	U5_9
cartón *m*	U7_2A
casa adosada *f*	U3_12B
casa de campo *f*	U1_4A
casa *f*	U2_4A
casa museo *f*	U4_10A
casado/-a	U3_GR
casarse	U2_5A
casi	U2_1
casi nunca	U7_1A
casi siempre	U7_12A
caso *m*	U8_4B
caspa *f*	U9_1A
castaño/-a	U3_GR
castellano *m*	U6_2A
catalán/-ana	U2_11A
catedral *f*	U8_4C
cebada *f*	U5_13A
cebolla *f*	U7_4A
celebrar	U5_13A
cenar	U2_7A
céntrico/-a	U4_9B
centro comercial *m*	U7_GR
centro de congresos *m*	U8_2A
centro histórico *m*	U4_4B
centro *m*	U3_11B
centro *m*	U9_13A
centro turístico *m*	U8_2A
cerámica *f*	U4_3A
cerca	U5_9
cerca de	U1_4A
cereal *m*	U7_3A
cerebro *m*	U2_11A
cerrado/-a	U6_2A
cerrar *(ie)*	U6_GR
cerveza *f*	U5_13A
chalé *m*	U4_1A
champán *m*	U7_10A
champú *m*	U9_1A
chaqueta *f*	U5_7B
charlar	U5_1A
chat *m*	U3_4A
chatear	U1_7A
chef *m*	U8_2A
chico/-a	U1_1B
Chile	U2_8B
chile *m*	U7_4A
chileno/-a	U2_1

chino *m*	U1_1B
chino/-a	U1_1B
chocolate *m*	U5_10A
chófer *m*	U6_11A
ciclismo *m*	U9_2A
ciclo *m*	U6_2A
cielo *m*	U2_11A
ciencias naturales *f, pl*	U8_2A
Ciencias Políticas *f, pl*	U6_7A
cine *m*	U1_8B
cinestético/-a	U1_9
circo *m*	U8_GR
circulación *f*	U9_2A
ciudad *f*	U1_4A
claro	U5_7A
claro/-a	U3_2B
clase *f*	U1_2A
clásico/-a	U4_3A
clásico/-a	U5_13A
clásico/-a	U6_2A
clavado/-a	U7_10C
cliente *m/f*	U1_8C
clima *m*	U1_3A
climático/-a	U6_12A
cobrar	U2_5A
cocer *(ue)*	U7_GR
coche *m*	U3_GR
cocina americana *f*	U4_2A
cocina *f*	U4_2A
cocinar	U4_8B
cóctel *m*	U6_2A
coctelería *f*	U6_2A
codificado/-a	U5_CON
coincidencia *f*	U4_CON
cojín *m*	U4_3A
cola *f*	U8_1A
colaborador/a	U8_3A
colección *f*	U4_10A
colega *m/f*	U1_11A
colegio *m*	U9_GR
coleta *f*	U3_7A
colocar	U4_7B
Colombia	U2_8B
colombiano/-a	U2_1
color *m*	U3_9A
coma *m*	U2_7A
comandante *m/f*	U2_8B
combatir	U9_1A

GLOSARIO alfabético

combinar	U8_3A
comedia *f*	U8_3A
comentar	U7_GR
comentario *m*	U4_6A
comer	U1_4B
cometer errores	U1_6A
comida *f*	U1_4A
comida *f*	U7_5A
como	U1_3A
cómo	U1_3A
como mínimo	U9_2A
como siempre	U8_5A
¿cómo?	U5_12B
cómodo/-a	U1_9
compañero/-a	U1_3A
compañero/-a de clase	U3_GR
compañero/-a de piso	U3_12B
compañero/-a de trabajo	U1_1
compañía de circo *f*	U2_4A
comparar	U4_6B
comparativo *m*	U4_CON
compartir	U3_12A
completamente	U4_9D
completo/-a	U6_2A
complicado/-a	U1_6B
componer	U2_2A
compositor *m*	U4_10A
comprar	U2_3A
compras *f, pl*	U6_5A
comunicarse	U9_3B
comunidad *f*	U6_12A
con	U1_1A
con encanto	U4_2A
con frecuencia	U6_GR
¿con quién?	U1_10
conceder permiso	U5_CON
concierto *m*	U4_2B
concurrido/-a	U5_13A
concurso *m*	U5_13A
condicional *m*	U5_CON
condimento *m*	U9_1A
conector *m*	U7_GR
conferencia *f*	U6_2A
confianza *f*	U9_3B
confirmar	U6_GR
confundir	U1_4A

congelar	U7_GR
conjugar	U3_GR
conocer *(zc)*	U1_1B
conocido/-a	U2_8B
conocido/-a	U5_13A
conocimiento *m*	U2_6A
conseguir *(i)*	U1_2A
consejo *m*	U1_6C
considerado/-a	U8_2A
considerar	U2_8B
considerar	U8_GR
consisitir	U7_5A
constantemente	U9_3B
construido/-a	U8_12A
construcción *f*	U8_12A
consulta *f*	U4_2B
consumición *f*	U6_2A
consumir	U7_3A
contactar	U3_2B
contacto *m*	U1_2A
contar	U1_3A
contar *(ue)* con	U4_10A
contar con	U6_12A
contemporáneo/-a	U6_2A
contento/-a	U3_7A
contexto *m*	U1_9
continuar	U3_12A
contra	U2_1
contrapuesto/-a	U7_GR
control *m*	U7_12A
convención *f*	U8_2A
conversación *f*	U1_3A
conversar	U9_3B
convertir *(ie)*	U4_10A
convertirse *(ie)*	U4_10A
cordero asado *m*	U5_4A
corrección gramatical *f*	U1_3A
correctamente	U1_2A
corregir *(i)*	U1_3A
correspondiente	U9_GR
cortado *m*	U5_GR
cortar	U7_4A
corte *f*	U8_12A
cortesía *f*	U5_CON
corto/-a	U3_GR
cosa *f*	U1_2A
cosmético/-a	U9_1A
costa *f*	U6_12A

Costa Rica	U2_8B
costar *(ue)*	U1_2A
costar *(ue*	U8_6A
creación *f*	U8_2A
crear	U1_3A
creer	U1_3A
crema de cacao *f*	U9_2A
crema *f*	U9_2A
crema *f*	U7_5A
crema hidratante *f*	U9_2A
crema protectora *f*	U9_2A
criar	U7_3A
cristal *m*	U4_GR
criticar	U3_5A
crujiente	U7_4A
cruzar las piernas	U9_3B
cruzar los brazos	U9_9A
cuadro *m*	U2_1
cuál	U6_9B
¿cuál?	U3_8
cualquier	U7_12A
cuando	U1_3A
cuándo	U6_GR
¿cuándo?	U6_6B
cuánto tiempo	U5_2A
¿cuánto tiempo hace?	U1_2A
cuarto de hora *m*	U9_8A
Cuba	U2_8A
cubano/-a	U2_8B
cubista	U2_1
cubrir	U9_2A
cucharada *f*	U7_4A
cucharadita *f*	U7_4A
cuello *m*	U8_6A
cuenta *f*	U9_10A
cuero cabelludo *m*	U9_8A
cuerpo humano *m*	U7_3A
cuerpo *m*	U7_3A
cueva *f*	U8_12A
cuidar	U3_11B
cuidarse	U7_9C
cultivar	U8_9A
cultura *f*	U1_2A
cultura hispana *f*	U1_11A
cumbia *f*	U9_13A
curar	U8_2A
curiosidad *f*	U6_12A
curioso/-a	U8_6A

curso *m*	U2_4A
cuyo/-a	U6_GR

D

d. C. (después de Cristo)	U2_3A
D. O. (denominación de origen) *f*	U7_12A
danza del vientre *f*	U9_13A
danza *f*	U9_4A
dar	U5_7A
dar a	U4_5C
dar importancia	U1_9
dar instrucciones	U7_GR
dar la vuelta al mundo	U6_8A
dar las gracias	U5_12A
dar órdenes	U5_12B
dar un paseo	U7_10A
dar vergüenza	U1_3A
darse cuenta	U5_12B
datos de interés *m, pl*	U2_6A
datos personales *m, pl*	U2_6A
de ... a ... años	U6_11A
de cerca	U6_12A
de entre ... y ... años	U3_12A
de hecho	U4_6A
de lado	U9_2A
de más	U7_5A
de moda	U5_13A
de momento	U1_4A
de nuevo	U2_8B
de origen animal	U7_3A
de pie	U4_3A
de piel	U5_7B
de todo	U7_2C
de tu/su parte	U5_2A
de vez en cuando	U7_2B
de... a...	U6_2A
debajo (de)	U4_4A
deberes *m, pl*	U8_GR
década *f*	U3_12A
decidido/-a	U6_GR
decidir	U2_7A
decir *(i)*	U1_3A
dedicado/-a a	U2_8B
definir	U9_GR
definitivo/-a	U5_4B

dejar	U9_6D	después	U7_1A
dejar	U4_10A	después de	U1_4A
dejar	U7_6C	destino *m*	U8_1A
dejar	U5_7A	detergente *m*	U7_2A
del todo	U9_3B	determinado/-a	U7_12A
delante de	U1_3A	determinante	U2_8B
delgado/-a	U3_2B	detrás	U4_CON
demás	U7_10C	detrás (de)	U4_4A
demasiado	U5_4A	devolver *(ue)*	U5_7A
demasiado	U9_3B	día de los	U8_6C
demasiado/-a	U5_4A	enamorados *m*	
demostrar *(ue)*	U9_3B	día del espectador *m*	U6_2A
demostrativo *m*	U7_GR	día *m*	U1_5
dentista *m/f*	U9_6B	diario *m* (personal)	U1_7A
dentro de	U5_12B	diarrea *f*	U9_5B
dentro de ... años	U6_6D	dibujante *m/f*	U1_11B
depender	U4_8C	dibujo *m*	U6_2A
depender de	U9_3B	diccionario *m*	U1_7A
dependiente de	U1_9	diciembre *m*	U6_2A
campo *m/f*		diente de ajo *m*	U7_GR
dependiente/-a	U3_12B	dieta *f*	U5_4A
deporte *m*	U2_2A	diferente	U2_8A
deportista *m/f*	U3_2B	difícil	U1_6A
deportivo/-a	U9_13A	dificultad *f*	U1_4A
derecha *f*	U3_7A	digesión *f*	U9_1A
derechos *m, pl*	U2_3A	digno/-a de	U8_12A
desarrollar	U9_7B	diminutivo *m*	U3_GR
desarrollarse	U5_GR	dinero en	U5_12B
desayunar	U1_4A	metálico *m*	
desayuno *m*	U7_5A	dinero *m*	U2_4A
descansado/-a	U9_3B	dios *m*	U8_12A
desconocido/-a	U2_1	directamente	U9_3B
describir	U3_CON	directo/-a	U2_8B
descripción *f*	U3_CON	director/a	U1_4A
descubrir	U1_4A	director/a de cine	U1_11B
desde	U1_4A	dirigir	U8_2A
¿desde cuándo?	U1_GR	dirigirse a	U2_8B
desde hace	U2_GR	disco *m*	U8_3A
deseado/-a	U7_5A	discoteca *f*	U2_7A
desenvolverse	U5_CON	disculpar	U5_6A
desierto *m*	U8_12A	diseñado/-a	U6_12A
desierto/-a	U6_12A	diseñar	U4_CON
desmaquillar	U9_2A	disponibilidad *f*	U2_6A
desordenado/-a	U1_9	distancia *f*	U9_3A
despacho *m*	U4_2A	distinto/-a	U1_9
despacio	U9_8A	distribución *f*	U4_2A
despedida *f*	U5_CON	diversidad *f*	U6_12A
despedirse *(i)*	U5_1A	diversión *f*	U1_3A
despertarse *(ie)*	U2_7A	diverso/-a	U3_12B

divertido/-a	U3_2B
divertirse (ie)	U1_3A
divino/-a	U8_3A
divorciado/-a	U3_2B
divorciarse	U3_12B
DNI m	U2_6A
doblar	U9_2A
doctor/-a	U2_7A
documento m	U8_12A
doler (ue)	U9_4A
dolor de cabeza m	U9_1A
dolor m	U9_4A
domicilio m	U3_12B
dominar	U1_4A
dominio m	U2_6A
donde	U2_8B
dónde	U4_9C
dormir (ue)	U4_6A
dormirse (ue)	U5_8A
droguería f	U7_2A
ducha f	U9_2A
ducharse	U9_2A
dueño/-a	U7_8A
dulces m, pl	U5_4A
duplicar	U3_12A
duración f	U1_CON
durante	U2_4A

E

echar	U7_4A
echar la siesta	U4_8C
economía f	U3_11B
económico/-a	U4_9D
edad f	U3_11B
edad media f	U3_12A
edificio m	U4_2A
editor/-a	U3_12B
editorial f	U2_6A
educativo/-a	U6_2A
EE. UU. m, pl	U8_6C
eficaz	U9_1A
ejemplo m	U1_9
ejercicio físico m	U7_5A
ejercicio m	U1_2A
ejército m	U2_8B
el año que viene	U6_6A
el/la	U1_1A
electricidad f	U4_6A
electrónico/-a	U8_3A

elefante m	U8_6A
elemento m	U7_3A
elevarse	U3_12A
embarcación f	U8_12A
emigrar	U2_4E
emoción f	U1_3A
emocionante	U8_6A
empezar (ie)	U1_5
empresa f	U1_5A
empresa f	U3_12B
empresario/-a	U6_4A
en	U1_1A
en absoluto	U5_GR
en cambio	U1_9
en casa	U1_4A
en común	U2_1
en directo	U6_2A
en el centro (de)	U4_4A
en general	U3_2B
en grupo	U1_2A
en los años 60	U9_13A
en medio de	U8_6C
en parejas	U9_13A
en peligro de	U6_12A
extinción	
en perfecto estado	U4_2A
en pleno/-a	U8_12A
en polvo	U7_11C
¿en serio?	U8_6A
en su lugar	U3_GR
en todo el mundo	U1_11A
en tren	U8_5A
en voz alta	U1_7A
enamorarse	U2_7A
encantado/-a	U3_8
encantar	U1_8C
encanto m	U4_6A
encender (ie)	U7_10A
encima (de)	U4_4A
encontrar (ue) piso	U4_6A
encontrar tarbajo	U3_12B
encontrarse (ue)	U4_10A
encontrarse (ue)	U6_GR
bien/mal	
encontrarse en	U8_12A
encontrarse m	U3_4A
encontrase (ue)	U5_12B
a alguien	
encuesta f	U9_13A

enero *m*	U1_4A	espacio *m*	U6_2A
enfadado/-a	U3_5A	espacio natural *m*	U6_12A
enfermo/-a	U9_5B	espacioso/-a	U4_9B
enlazar	U7_GR	espalda *f*	U9_2A
enorme	U4_6A	España	U1_4A
ensalada *f*	U7_1A	español *m*	U1_1
enseñar	U1_4A	español/-a	U1_2A
ensueño *m*	U6_2A	espárrago *m*	U7_12A
entrar	U8_4C	especia *f*	U7_8A
entender *(ie)*	U1_2A	especial	U7_12A
entenderse *(ie)*	U1_11A	especialidad *f*	U6_2A
enterrado/-a	U2_8B	especie *f*	U6_12A
entonación *f*	U1_6A	especificar	U5_GR
entrada *f*	U6_2A	espectacular	U4_10A
entre	U2_1	espejo *m*	U4_7A
entre ellos/-as	U1_1A	esperar	U5_4A
entre otros	U6_2A	esquema *m*	U1_9
entusiasmo *m*	U1_3A	esquí *m*	U6_11C
envasado/-a	U7_8A	esquina *f*	U5_10A
envase *m*	U7_8A	estable	U3_2B
envejecer *(zc)*	U9_2A	estación *f*	U3_4A
enviar	U3_7A	estación *f* (de esquí)	U6_11C
envidia *f*	U8_6A	estado de	U8_12A
envolver *(ue)*	U9_8A	conservación *m*	
época *f*	U6_12A	Estados Unidos *m, pl*	U2_2A
equipado/-a	U4_2A	estadounidense *m/f*	U9_3B
especialmente	U5_13A	estantería *f*	U4_3A
es cierto que	U9_3B	estar	U3_7A
es decir	U7_4A	estar a régimen	U5_10A
es verdad	U3_6C	estar basado/-a en	U2_3B
escalar	U2_1	estar casado/-a	U1_1B
escaparse	U6_12A	estar claro	U7_GR
escena	U2_11A	estar en contacto	U8_12A
cinematográfica *f*		estar en contacto	U6_12A
escenario *m*	U5_13A	(con algo)	
escribir	U1_6C	estar en forma	U9_13A
escribir un diario	U5_11B	estar molesto/-a	U5_12B
escrito/-a	U1_9	estar muerto/-a	U9_11A
escritor/a	U1_11B	de miedo	
escuchar	U1_3A	estar nominado/-a	U2_11A
escuchar canciones	U1_6C	estar preocupado/-a	U9_6D
escuchar música	U4_8C	estar resfriado/-a	U9_GR
escuela de circo *m*	U2_4A	estar rodeado/-a por	U8_12A
escuela de música *f*	U1_4A	estar seguro/-a	U3_GR
escuela *f*	U1_1	estar situado/-a	U4_9C
escultor/a	U8_2A	este/-a/-o	U1_3A
ese/-a	U3_6C	estilo de vida *m*	U7_3A
eso	U1_3A	estilo *m*	U1_9
espacio *m*	U4_6A	estómago *m*	U9_4A

estar seguro/-a	U2_8A
estrella (Michelín) *f*	U8_2A
estrellar (huevos)	U7_4A
estrellarse	U8_6C
estrenar	U2_3A
estrés *m*	U6_4A
estresado/-a	U9_12A
estricto/-a	U7_3A
estructura *f*	U5_GR
estudiante	U2_6A
Erasmus *m/f*	
estudiante *m/f*	U1_3A
estudiar	U1_2A
estudio *m*	U4_1A
estudios *m, pl*	U1_3A
estudios *m, pl*	U2_3A
estupendo/-a	U8_GR
etc.	U1_9
etíope	U3_12B
euro *m*	U4_2A
Europa	U1_4A
eutanasia *f*	U2_3A
evidente	U9_3B
evitar	U9_2A
exacto/-a	U5_4B
exagerar	U9_3B
examen *m*	U1_2A
excelente	U8_12A
exclamativo/-a	U8_CON
excursión *f*	U5_8A
excusa *f*	U5_GR
exiliarse	U4_10A
existir	U7_3A
éxito *m*	U2_2A
experiencia *f*	U1_3A
experiencia *f*	U2_4A
experiencia	U2_6A
profesional *f*	
experimentar	U1_9
experto/-a	U1_9
explosivo/-a	U3_2B
exposición *f*	U6_1A
exposición	U6_2A
temporal *f*	
expresar	U3_GR
expresión *f*	U8_4B
extranjero *m*	U4_6A
extranjero/-a	U1_3A
extremeño/-a	U7_GR

extrovertido/-a	U3_6C

F

fabricado/-a	U7_3A
fácil	U1_3A
facilitar	U9_1A
fácilmente	U1_3A
facultad *f*	U5_4A
falda *f*	U3_4B
falta de respeto *f*	U9_3B
faltar	U7_7B
familia *f*	U1_8B
familiar	U7_10A
familiares *m, pl*	U1_11A
famoso/-a	U2_1
fantástico/-a	U4_2A
fatal	U1_3A
favorito/-a	U4_8A
febrero *m*	U2_GR
fecha de	U2_6A
nacimiento *f*	
fecundación	U3_12B
in vitro *f*	
feliz	U8_5A
femenino/-a	U8_2A
fenomenal	U8_5A
fenómeno social *m*	U8_3A
feo/-a	U3_GR
festival de teatro *m*	U5_13A
festival *m*	U8_2A
festivo *m*	U6_2A
fibra vegetal *f*	U4_3A
fiebre *f*	U9_5B
fiesta de	U8_GR
cumpleaños *f*	
fiesta *f*	U2_4A
fiesta popular *f*	U5_13A
fijarse	U9_10A
filmar	U2_2A
filmoteca *f*	U6_2A
filósofo/-a	U2_3A
fin de semana *m*	U1_4A
final *m*	U9_GR
finalmente	U6_6A
firme	U6_GR
físicamente	U3_CON
físico *m*, física *f*	U3_CON
flexiones *m, pl*	U9_4A
floristería *f*	U5_12B

forma de ser *f*	U1_2A
forma *f*	U1_9
forma *f*	U9_11A
forma impersonal *f*	U7_CON
forma irregular *f*	U1_6C
formación	U2_6A
académica *f*	
formal	U5_GR
formalidad *f*	U5_CON
formar	U8_12A
foro *m*	U4_6A
fortalecer (*zc*)	U9_2A
foto *f*	U3_7A
fotografía *f*	U6_2A
Fotografía *m*	U2_10C
fotógrafo/-a	U2_10A
francés *m*	U1_1B
francés/-esa	U1_8C
Francia	U4_6A
frase *f*	U1_6C
frecuentado/-a	U5_13A
frecuente	U1_GR
freír	U7_4A
fresco/-a	U7_3A
frigorífico *m*	U4_7A
frío *m*	U4_6A
frío/-a	U4_3A
frotar	U9_8A
frustación *f*	U1_3A
frustrado/-a	U1_3A
fruta *f*	U7_2A
frutos secos *m, pl*	U7_3A
fuera de clase	U1_10
fuerte	U5_2A
fuga *f*	U2_11A
fumar	U9_2A
funcionar	U3_GR
fundador/-a	U8_12A
fundar	U8_2A
fútbol *m*	U9_13A
futuro *m*	U6_GR

G

gafas de sol *m, pl*	U9_2A
gafas *f* pl	U3_2B
galleta *f*	U7_2A
gallopinto *m*	U8_1A
ganar	U2_1
garaje *m*	U4_2A

garantía *f*	U7_12A
gastar	U4_6A
gastronomía *f*	U1_8B
gastronomía *f*	U7_12A
gato/-a	U5_5
gazpacho *m*	U7_GR
gel de ducha *m*	U7_2A
general	U6_2A
generalización *f*	U7_GR
generalmente	U1_9
generoso/-a	U3_5A
genial	U3_7A
gente *f*	U1_4A
gerundio *m*	U5_CON
gesto *m*	U9_3B
gimnasia *f*	U9_13A
gimnasio *m*	U9_13A
gira *f*	U2_2A
gobierno *m*	U2_8A
golpe de Estado *m*	U2_3A
gordo/-a	U2_11A
gorra *f*	U3_GR
gorro *m*	U3_4A
Goya *m*	U2_11A
grabar	U1_6C
gracias	U5_2A
grado *m*	U2_6A
gramática *f*	U1_2A
gramo *m*	U7_8A
gran	U3_12B
Gran Bretaña	U2_6A
grande (gran)	U2_3A
granel *m*	U7_8A
gratis	U4_9D
gratuito/-a	U6_2A
gris	U3_GR
grupal	U1_9
grupo *m*	U1_3A
guacamole *m*	U7_4A
guantes *m, pl*	U9_2A
guapísimo/-a	U3_8
guapo/-a	U3_2B
guardar	U4_10A
Guatemala	U1_2D
Guerra Civil	U2_11A
Española *f*	
guiado/-a	U9_13A
gustar	U1_2A
gusto *m*	U4_CON

H

haber	U1_3A
habitación *f*	U4_1A
habitante *m/f*	U3_12A
habitar	U2_11A
hábitat *m*	U6_12A
hábito *m*	U9_13A
habitual	U5_4B
habla *m*	U1_2A
hablar	U1_1A
hablar alto	U5_9
hablar bajito	U5_10A
hablar con fluidez	U1_2A
hablar en público	U9_11A
hace … años	U8_7B
hace … que	U1_CON
hacer	U1_2A
hacer deporte	U6_9A
hacer fotos	U5_10A
hacer la cena	U5_2A
hacer los deberes	U2_5A
hacer poco (tiempo)	U5_12B
hacer realidad	U3_12B
hacer recomendaciones	U1_CON
hacer referencia	U8_4B
hacer régimen	U5_11B
hacer surf	U3_2B
hacer un viaje	U2_4A
hacer yoga	U5_5
hacerse famoso/-a	U2_11A
hambre *f*	U7_3A
hamburguesa *f*	U7_9A
harina *f*	U7_8A
harina *f*	U7_GR
hasta	U1_4A
¡hasta ahora!	U3_4A
¿hasta cuándo?	U6_6B
¡hasta luego!	U5_1B
hecho/-a	U7_3A
herida *f*	U9_1A
hermano/-a	U8_3A
héroe *m*, heroína *f*	U2_8B
hervir (i)	U9_8A
hidratar	U9_2A
hidratos de carbono *m, pl*	U7_5B
hierba aromática *f*	U7_8A

hierba *f*	U9_1A
hierro *m*	U9_1A
hijo/-a	U1_1A
hijo/-a adoptivo/-a	U3_12B
hispano/-a	U2_1
historia *f*	U2_2A
historia real *f*	U2_3B
histórico/-a	U2_3A
hogar *m*	U6_12A
hoja de papel *f*	U5_7B
hoja *f*	U9_8A
hola	U3_8
holandés *m*	U1_1
hombre	U5_2A
hombre *m*, mujer *f*	U2_2A
hombro *m*	U9_2A
homosexual	U3_12B
hora *f*	U1_4A
horario *f*	U6_2A
horno *m*	U7_4A
horror *m*	U8_GR
hospital *m*	U2_7A
hotel *m*	U6_12A
hoy	U2_5A
huevo *m*	U7_2A
huevos estrellados *m, pl*	U7_4A
humano/-a	U7_3A

I

idea *f*	U2_8B
ideal	U2_10A
identidad *f*	U8_3A
identificar	U3_CON
idioma *m*	U1_2A
igual	U9_3B
igualdad *f*	U4_6B
igualmente	U3_8
ilusión *f*	U1_3A
Imagen y Sonido	U2_3A
imaginar	U4_10A
impaciencia *f*	U9_3B
impaciente	U9_3B
imperativo afirmativo *m*	U9_CON
Imperio inca *m*	U8_12A
impersonal	U9_GR
implicar	U5_GR
importante	U1_3A

importar	U3_2B
imprescindible	U4_7C
impresión f	U3_GR
impresionante	U6_12A
impulsivo/-a	U9_7A
inauguración f	U8_5A
incluido/-a	U4_6A
incluir	U6_2A
incluso	U5_13A
incómodo/-a	U9_3A
increíble	U2_4A
independiente	U1_9
de campo m/f	
indio/-a	U4_3A
individual	U1_9
inferioridad f	U4_6B
infinitivo m	U1_GR
info f	U3_4A
información f	U1_7A
informática f	U1_5A
infusión f	U9_1A
inglés m	U1_1
inglés/-esa	U1_2A
ingrediente m	U7_4A
inicio m	U2_CON
inmediatamente	U7_4A
inscripción f	U1_2A
inspirar confianza	U5_12B
instalaciones f, pl	U8_2A
instituto m	U3_2B
inteligente	U9_GR
intención f	U6_CON
intenso/-a	U2_4A
intentar	U1_6C
intercambio m	U1_7A
interés m	U3_11B
interesante	U6_10B
interesar	U1_11A
interesarse	U5_3B
interlocutor/a	U9_3A
internacional	U8_2A
internado m	U2_11A
internet m/f	U1_2A
interpretado/-a	U2_3A
interpretar	U2_3B
íntimo/-a	U5_8B
inundar	U8_12A
invadido/-a	U9_3B
inventar	U9_13A

invierno m	U6_12A
invitación f	U5_CON
ir	U6_1A
ir (algo) bien	U1_3A
ir a	U1_4A
ir a (+verbo)	U1_CON
ir al cine	U3_2B
ir bien	U9_1B
ir de compras	U6_3A
ir en bici	U4_2B
ir en bicicleta	U6_8A
irregular	U1_CON
irregularidad f	U9_GR
irritado/-a	U9_1A
irse a vivir a	U2_3A
irse de Erasmus	U4_6A
isla f	U2_4A
italiano m	U1_8A
italiano/-a	U1_3A
izquierda f	U3_7A

J

jamón m	U5_4A
jamón serrano m	U7_4A
Japón	U7_10C
japonés/-esa	U1_4A
jardín botánico m	U8_11A
jardín m	U3_2B
jardinería f	U3_2B
jarrón m	U4_3A
jefe/-a	U3_5B
jersey m	U3_4A
joven	U3_2B
jóvenes m, pl	U2_11A
jubilado/-a	U4_9A
jubilarse	U6_8A
juego de rol m	U1_9
juego m	U1_2A
jugador de golf m	U2_2A
jugar (ue)	U5_1A
jugar (ue) al baloncesto	U4_2B
jugar al tenis	U4_2B
junio m	U2_5A
juntos /-a	U2_7A
justificación f	U5_GR
justificarse	U5_3B
juventud f	U2_8A

K

kilito *m*	U7_5A
kilo *m*	U3_2B
kitesurf *m*	U9_13A
kiwi *m*	U9_6B

L

la mayoría *f*	U4_6A
labio *m*	U9_2A
lácteo *m*	U7_2A
ladrillo *m*	U4_GR
lámpara de mesa *f*	U4_7A
lámpara de pie *f*	U4_7A
lámpara *f*	U4_3A
lana *f*	U7_3A
lápiz *m*	U5_7B
largo/-a	U3_2B
largometraje *m*	U2_3A
lata *m*	U7_2A
latino/-a	U9_3B
Latinoamérica	U8_4C
latinoamericano/-a	U1_2A
lavadero *m*	U4_2A
lavadora *f*	U4_7A
lavar	U7_4A
lavar los platos	U9_2A
lavarse	U9_8A
lavavajillas *m*	U4_7A
leche de vaca *f*	U7_3A
leche *f*	U7_2A
lechuga *f*	U7_2A
lectura obligada *f*	U8_3A
leer	U1_2A
legumbre *f*	U7_3A
lejía *f*	U7_2A
lejos	U4_6A
lengua *f*	U1_4A
lengua materna *f*	U1_8C
lenguaje corporal *m*	U9_3B
levantarse	U1_4A
libre	U1_4A
libro *m*	U1_6C
ligero/-a	U7_1A
limón *m*	U7_4A
limpiar	U5_12B
limpio/-a	U7_3A
línea aerea *f*	U8_1A
lingüístico/-a	U1_8A
líquido *m*	U9_8A

liso/-a	U3_4B
listo/-a	U4_2A
literatura *f*	U1_8B
litro *m*	U7_2A
llamada *f*	U5_GR
llamar por teléfono	U9_10A
llamarse	U3_2B
llegar	U3_7A
llegar a	U2_2A
llegar tarde	U5_8A
llevar	U3_CON
llevar bigote	U3_2B
llevarse	U3_CON
llevarse (sacar provecho)	U1_EC
llevarse bien/mal	U3_2B
lluvia *f*	U8_12A
lo más	U1_3A
lo mejor	U1_6C
local *m*	U6_9A
localización *f*	U8_12A
loción *f*	U9_8A
lógico/-a	U7_GR
loncha *f*	U7_4A
lucha activa *f*	U2_8B
luchar	U9_13A
lúdico/-a	U8_GR
luego	U2_4A
lugar de encuentro *m*	U5_13A
lugar *m*	U2_6A
lujo *m*	U8_3A
luminoso/-a	U4_2A
luna de miel *f*	U6_11A
lunes *m*	U2_5A
luz *f*	U4_6A

M

macarrones *m, pl*	U7_2A
machacar	U9_8A
macizo *m*	U6_12A
madera de roble *f*	U4_3A
madera *f*	U4_3A
madre *f*, padre *m*	U1_1
madrugada *f*	U6_2A
maduro/-a	U3_2B
maestro/-a	U3_12B
maestro/-a	U6_2A
magdalena *f*	U7_2A

mail *m*	U6_4A	mayor/menor	U3_12B
mal	U1_3A	de ... años	
mal de amores *m*	U8_3A	mayoría	U2_1
malaria *f*	U2_1	media hora *f*	U7_5A
maleta *f*	U5_9	mediano/-a	U7_4A
malo/-a	U7_3A	medicina *f*	U2_8A
maltratado/-a	U7_3A	médico/-a	U2_7A
mami *f*	U6_6A	medida *f*	U4_10A
mandar flores	U8_6C	medio ambiente *m*	U7_3A
manera *f*	U1_9	medio/-a	U4_2B
mano *f*	U1_6C	medio/-a	U6_2A
manos a la obra	U2_11A	medir	U3_2B
mantener *(ie)*	U7_3A	mediterráneo/-a	U9_1A
mantequilla *f*	U7_2A	mejillón *m*	U7_12A
manzana *f*	U7_2A	mejor	U1_2A
manzanilla *f*	U9_2A	mejor actor, *m*	U2_2A
mañana	U5_7A	mejor actriz *f*	
mañana *f*	U1_4A	mejorar	U7_3A
maquillarse	U4_8C	melocotón *m*	U7_2A
mar *m/f*	U2_4A	memorizar	U1_7A
maravilla *f*	U8_1A	mencionado/-a	U9_13A
maravilloso/-a	U5_4A	mencionar	U6_GR
marcador	U2_CON	menor *m/f*	U6_2A
temporal *m*		menos	U4_6A
marcharse	U4_10A	menos que	U4_GR
mareado/-a	U9_4A	mensaje *m*	U1_7A
marido *m*, mujer *f*	U2_9B	mentira *f*	U2_11A
marinero/-a	U4_10A	mercado *m*	U4_4B
marisco *m*	U7_9A	merengue *m*	U9_13A
mármol *m*	U4_3A	merienda *f*	U7_5A
mármol *m*	U4_GR	mes *m*	U2_4A
martes *m*	U6_2A	mesa de centro *f*	U4_3A
más	U1_2A	mesa *f*	U4_7A
más de	U1_4A	metal *m*	U4_GR
más que	U4_GR	metodología *f*	U1_2A
más tarde	U2_3A	metro cuadrado *m*	U4_4B
masaje *m*	U9_6B	metro *m*	U2_11A
mascarilla *f*	U9_GR	metro *m*	U9_3B
mascarilla *m*	U9_8A	mexicano/-a	U2_8B
masculino/-a	U3_GR	México	U2_8A
máster *m*	U1_4A	mezcla *f*	U9_8A
material *m*	U4_CON	mezclar	U7_4A
maternidad *f*	U3_12A	mi	U1_2A
matiz *m*	U7_GR	mí	U1_3A
matrimonio *m*	U3_12A	miedo *m*	U1_3A
mausoleo *m*	U8_12A	miel *f*	U7_3A
maya	U8_12A	miel *f*	U9_1A
mayo *m*	U2_7A	mientras	U7_1A
mayor	U6_12A	mientras que	U9_3B

miércoles *m*	U6_2A
migraña *f*	U9_1A
milenario/-a	U9_1A
millón *m*	U7_3A
mimbre *m*	U4_GR
mínimo/-a	U7_8A
Ministerio de Educación, Cultura y Deporte *m*	U9_13A
ministro/-a	U2_8B
minoritario/-a	U9_13A
minuto *m*	U3_4A
mío/-a	U3_GR
mirada *f*	U9_3A
mirar	U1_6C
miserable *m/f*	U6_2A
mismo/-a	U3_6C
mitad *f*	U3_12A
mítico/-a	U8_3A
mochila *f*	U2_4A
moda *f*	U3_12B
modelo *m/f*	U3_12B
moderno/-a	U4_3A
molestar	U9_3A
molestia *f*	U9_CON
molesto/-a	U9_3B
momento *m*	U2_8B
mono *m*	U8_6A
monoparental	U3_12B
montaña *f*	U6_12A
montaña volcánica *f*	U8_12A
montar en elefante	U8_6A
montar un negocio	U6_8A
morderse las uñas	U9_6D
morenísimo/-a	U6_6A
moreno/-a	U3_2B
morir *(ue)*	U2_8A
morir *(ue)* asesinado/-a	U2_2A
mostrar *(ue)*	U9_3B
motivación *f*	U1_CON
motivar	U1_3A
motivo *m*	U9_13A
moto *f*	U5_4A
motocicleta *f*	U2_8B
mover *(ue)*	U9_3A
moverse *(ue)*	U1_9
móvil *m*	U1_7A

movimiento revolucionario *m*	U2_8A
muchísimo	U2_4A
muchísimo/-a	U5_10A
mucho	U3_6C
mucho/-a	U1_3A
mueble *m*	U4_10A
muela *f*	U9_5B
mujer jirafa *f*	U8_6A
multinacional *f*	U4_2B
Mundial de Sudáfrica *m*	U2_2A
mundo *m*	U6_2A
municipal	U4_9D
mural *m*	U1_9
músculo *m*	U9_13A
museo *m*	U4_2B
Música *f*	U1_4A
música *f*	U6_9A
músico/-a	U4_2B
músico/a clásico/a	U1_11B
muy	U1_7B
muy bien	U3_5B
muy bien	U6_3A

N

nacer *(zc)*	U2_3A
nachos *m, pl*	U7_4A
nacional	U2_8B
nacionalidad *f*	U2_8B
nada	U3_GR
nadar	U4_2B
naranja	U3_9A
naranja *f*	U7_12A
nariz *f*	U3_6C
narrar	U2_3A
natación *f*	U9_2A
natal	U4_10A
nativo/-a	U1_7A
natural	U6_12A
naturaleza *f*	U6_12A
náusea *f*	U9_5B
navarro/-a	U8_2A
Navidad *f*	U7_12A
necesario/-a	U7_3A
necesitar	U1_2A
negarse	U5_GR
negativo/-a	U1_3A
negocio *m*	U3_12B

GLOSARIO alfabético

negocios *m, pl*	U6_4A
negro	U3_GR
negro/-a	U2_11A
nervioso/-a	U9_3B
neutro/-a	U7_GR
niño/-a	U1_1B
niño/-a	U6_2B
níspero *m*	U7_2A
nivel adquisitivo *m*	U4_2B
nivel avanzado *m*	U2_6A
nivel del mar *m*	U8_12A
nivel *m*	U5_CON
no	U1_3A
no estar mal	U4_6A
no sé	U1_GR
¿no?	U3_6C
noble	U8_3A
noche *f*	U3_2B
nociones básicas *f, pl*	U2_6A
nombre *m*	U1_2A
nominado/-a	U2_11A
norma *f*	U5_GR
normalmente	U1_3A
norte *m*	U8_6A
nosotros/-as	U1_7C
notar	U9_3B
noticia *f*	U8_6C
novedad *f*	U9_13A
novel	U2_3B
novela *f*	U8_3A
noviembre *m*	U8_12A
novio/-a	U1_7A
nuestro/-a	U3_GR
nueva construcción *f*	U4_2A
Nueva Zelanda	U2_2A
nuevo/-a	U1_4A
nuez *f*	U7_3A
número *m*	U1_6C
numeroso/-a	U4_9A
nunca	U2_5A

O

o sea	U4_6A
obeso/-a	U7_5A
objetivo/-a	U9_GR
objeto directo *m*	U7_GR
objeto *m*	U4_10A
objeto personal *m*	U4_10A
obligado/-a	U5_GR

obra *f*	U1_11A
obra *f*	U6_2A
obra literaria *f*	U4_10A
observar	U6_12A
obtener	U2_8B
occidental	U9_3B
oculto/-a	U2_11A
ocupado/-a	U9_7A
ocupar	U7_3A
ocurrir	U5_4B
ofensivo/-a	U3_GR
oferta educativa *f*	U1_2A
oferta *f*	U4_2A
oferta *f*	U6_2A
oficina *f*	U6_4A
ofrecerse *(zc)*	U6_5A
oído *m*	U9_5B
oír música	U5_5
ojo *m*	U3_2B
ola *f*	U4_9D
olimpiadas *f, pl*	U2_2A
olímpico/-a	U2_2A
olla *f*	U9_8A
olvidar	U6_4A
omega 3 *m*	U7_2A
ONU (Organización de las Naciones Unidas) *f*	U2_6A
opción *f*	U4_6A
opinar	U7_3A
oportunidad *f*	U4_2A
optimista	U3_2B
oral	U1_9
ordenador *m*	U4_4B
organizar	U3_12B
origen *m*	U3_12B
original	U4_10A
originario/-a	U9_13A
ortiga *f*	U9_8A
Óscar *m*	U2_1
oscuro/-a	U2_11A
oso pardo *m*	U6_12A
otorgado/-a	U2_1
otra vez	U5_8A
otro/-a	U1_2A

P

Pacífico *m*	U6_12A
pack *m*	U7_2A

pádel *m*	U9_13A	pase *m*	U6_2A
padres *m, pl*	U2_3A	pasear	U1_4A
paella *f*	U6_GR	paseo *m*	U6_11C
pagar	U4_6A	pasiego/-a	U7_12A
país *m*	U1_2A	pasta	U7_1A
palabra *f*	U1_3A	pasta *m*	U9_8A
palacio *m*	U8_2A	Patagonia	U8_12A
pálido/-a	U9_5B	patata *f*	U7_2A
palillo *m*	U7_10C	patatas fritas *f, pl*	U7_1A
pan integral *m*	U7_9A	paterno/-a	U3_12B
pan *m*	U7_2A	pediatra *m/f*	U4_2B
panadería *f*	U7_6C	pedir (*i*)	U5_1A
papel *m*	U4_GR	pedir (*i*) disculpas	U5_12A
papel *m*	U2_11A	pedir (*i*) permiso	U5_3B
papel	U2_3B	pedir (*i*) prestado/-a	U5_12A
protagonista *m*		pedir (*i*) un favor	U5_3B
papelería *f*	U5_10A	pegar	U1_7A
paquete *m*	U7_2A	peinar	U5_5
par *m*	U5_12B	peine *m*	U8_2A
para	U1_2A	pelar	U7_4A
parecer (*zc*)	U4_3A	película de terror *f*	U2_3A
parecerse (*zc*)	U3_CON	película *f*	U6_2A
parecido *m*	U3_CON	pelirrojo/-a	U3_2B
pared *f*	U1_7A	pelo *m*	U3_2B
pareja de hecho *f*	U3_12B	Península Ibérica *f*	U6_12A
pareja *f*	U3_CON	pensar	U1_4A
paro *m*	U3_12B	pensar ir	U6_5A
parque *m*	U4_5C	pequeño/-a	U1_3A
parque *m*	U6_1A	perder (*ie*)	U1_6C
parque nacional *m*	U6_12A	perder (*ie*) el autobús	U5_10B
parte de	U4_10A	perder (*ie*) peso	U7_5A
parte *f*	U9_2A	perderse (*ie*)	U6_12A
participar	U2_8A	perdonar	U5_7A
participio *m*	U9_GR	perfección *f*	U6_2A
partitura *f*	U4_10A	perfectamente	U1_4A
pasado *m*	U1_4A	perfecto/-a	U8_5A
pasado mañana	U6_6D	perfil *m*	U3_CON
pasado/-a	U1_4A	perilla *f*	U3_2B
pasajero/-a	U2_11A	periódico digital *m*	U3_11B
pasar	U4_8B	periódico *m*	U1_7A
pasar	U3_12A	Periodismo *m*	U2_10C
pasar	U5_10B	periodista *m/f*	U2_GR
pasar	U5_8A	perla *f*	U8_2A
pasar	U2_7A	permanente	U9_GR
pasar a la historia	U4_10A	permitir	U3_12B
pasar un tiempo (en)	U1_2A	pero	U1_3A
pasar una noche	U8_6A	perro *m*	U4_2B
pasárselo bien	U1_3A	persona *f*	U1_9
pasárselo mal	U8_CON	persona mayor *f*	U3_12B

personaje *m*	U1_11A	poco/-a	U1_6A
personal	U1_11A	poder (*ue*)	U1_3A
Perú	U2_8B	poema *m*	U1_7A
pesado/-a	U9_1A	polaco *m*	U1_8A
pesar	U3_2B	policía *m/f*	U4_9A
pescado *m*	U7_2C	policíaco/-a	U2_11A
pescar	U4_2B	Polinesia	U2_4A
peso *m*	U7_CON	polinesio/-a	U2_4A
pesquero/-a	U8_2A	política *f*	U3_11B
petición *f*	U5_GR	político/-a	U2_8A
piano *m*	U4_10A	poner	U4_7B
picado/-a	U7_4A	poner	U5_1B
pie *m*	U9_2A	poner	U5_9
piedra *f*	U4_10A	poner música	U7_10A
piel *f*	U2_11A	ponerse	U9_3A
pierna *f*	U9_2A	ponerse al teléfono	U5_GR
pilates *m, pl*	U9_13A	ponerse de moda	U9_13A
pintado/-a	U4_10A	pop *m*	U1_11B
pintar	U2_1	popularizar	U9_13A
pintor/a	U1_11B	por aquí	U8_5A
pintura *f*	U6_2A	por dentro	U4_10A
piña *f*	U7_9A	por ejemplo	U4_6A
pirámide *f*	U8_12A	por el momento	U3_12B
pisar	U2_4A	por eso	U1_3A
piscina *f*	U4_GR	por favor	U5_1B
piso compartido *m*	U3_11B	por fin	U3_12B
piso *m*	U3_12A	por fuera	U4_10A
pista de baile *f*	U3_8	por la noche	U1_4A
pista *f*	U9_13A	por la tarde	U1_4A
pizarra *f*	U1_3A	por lo general	U1_9
plan *m*	U6_6B	por lo menos	U5_2A
planeta *m*	U7_3A	por otro lado	U9_3B
planificar	U1_9	por primera vez	U2_1
planta *f*	U4_2A	¿por qué?	U1_2A
planta *f*	U8_12A	por suerte	U6_4A
plantar un árbol	U6_8A	por supuesto	U9_13A
plástico *m*	U7_8A	porque	U1_2A
plátano *m*	U7_6C	portada *f*	U2_1
plato *m*	U7_1A	portaequipajes *m*	U5_9
playa *f*	U2_7A	portorriqueño/-a	U2_1
plaza *f*	U5_13A	posesivo *m*	U7_GR
plaza *f*	U4_2A	posesivo tónico *m*	U4_4B
plaza *f*	U4_3A	posibilidad *f*	U6_12A
plaza mayor *f*	U5_13A	positivo/-a	U1_3A
pleno/-a	U4_9D	postal *f*	U5_10A
plural *m*	U1_GR	postre *m*	U7_7B
poblado *m*	U8_6A	postura *f*	U9_2A
poco antes de	U2_3A	practicado/-a	U9_13A
poco después	U2_3A	practicar	U6_12A

práctico/-a	U9_2A	privilegio m	U8_3A
precio m	U4_9C	probar (ue)	U5_4A
precioso/-a	U4_5C	problema f	U5_8A
preciso/-a	U5_GR	problema m	U1_4A
predominante	U1_9	procesión f	U5_13A
preferencia f	U4_CON	proceso m	U1_3A
preferentemente	U3_2B	producido/-a por	U2_11A
preferido/-a	U4_10A	producir (zc)	U7_3A
preferir (ie)	U1_9	producirse	U6_GR
pregunta f	U1_3A	producto m	U6_9A
preguntar	U1_4A	producto natural m	U9_8A
premio Goya m	U2_3B	profesión f	U1_2A
premio m	U2_3A	profesional	U4_9A
Premio Nobel de	U2_1	profesor/-a	U1_3A
Literatura m		programa de	U2_6A
prenda de ropa f	U9_2A	edición m	
prenda de vestir f	U3_CON	prohibido/-a	U5_10A
preocupado/-a	U9_3B	prohibir	U7_7B
preocuparse	U1_6C	promedio m	U3_12A
preocuparse por	U9_2A	prometedor/-a	U2_11A
preparación f	U7_4A	pronombre	U3_GR
preparar	U6_11C	demostrativo m	
preparar un plato	U7_CON	pronombre m	U9_GR
preposición f	U2_CON	pronombre personal	U7_CON
presentación f	U5_CON	de OD m	
presentar	U9_7B	pronombre	U4_CON
presentar (a	U5_3B	posesivo m	
alguien)		pronto	U2_5A
presente de	U1_GR	pronunciar	U1_2A
indicativo m		propietario/-a	U3_12B
presente m	U8_4B	propio/-a	U8_9A
prestar	U5_12B	proponer	U9_11A
pretérito	U2_5B	proporción f	U3_12A
indefinido m		propuesta f	U6_12A
pretérito perfecto m	U2_5B	protagonista m/f	U2_3A
prevenir	U9_1A	protagonizar	U2_8A
primavera f	U6_12A	protector solar m	U9_2A
Primera Guerra	U2_2A	proteger	U7_3A
Mundial f		proteína f	U7_3A
primera persona f	U1_GR	proteína vegetal f	U7_3A
primero (en	U7_GR	provocar	U3_GR
primer lugar)		próximo/-a	U5_10B
primero (primer)/-a	U1_5	(siguiente)	
primero m (plato	U7_1A	proyecto m	U6_CON
comida)		Psicología f	U3_12B
primitivos flamencos	U6_2A	público m	U4_9C
m, pl (arte)		pueblo m	U3_12B
primo/-a	U2_11A	puerta f	U3_GR
principal	U5_13A	puerto m	U6_9A

pues	U3_GR
pues nada	U5_2A
puré *m*	U7_4A

Q

que	U1_2A
qué	U4_6A
¡qué dices!	U3_8
¡qué gracia!	U8_GR
¡qué horror!	U8_5A
¿qué tal?	U5_2A
quedar	U2_7A
quedarse	U1_4A
quedarse a dormir (en casa de alguien)	U5_10B
quedarse en paro	U3_12B
quedarse sentado/-a	U7_10A
quejarse	U5_2A
querer *(ie)*	U1_2A
querido/-a	U4_10A
queso *m*	U7_1A
queso manchego *m*	U7_2A
queso mascarpone *m*	U7_11B
¿quién?	U3_1A
quitar	U7_4A

R

rabo de toro *m*	U6_2A
raíz *f*	U2_GR
ramo de flores *m*	U5_12B
rápido/-a	U7_1A
raqueta *f*	U9_13A
raro/-a	U3_5A
rayar	U6_2A
razón *f*	U1_11A
relacionado/-a	U8_4B
realidad *f*	U2_8B
realización *f*	U6_GR
realizar	U2_3A
receta *f*	U7_CON
rechazar	U5_GR
recibidor *m*	U4_2A
recibir	U2_1
recientemente	U8_2A
recipiente *m*	U7_4A
recíproco/-a	U3_GR
recomendable	U9_1A

recomendar *(ie)*	U4_6A
reconocer *(zc)*	U1_4A
reconstruir *(y)*	U1_9
récord *m*	U2_1
recordar	U6_GR
recordar *(ue)*	U1_2A
recorrer	U2_8B
recortar	U1_9
recto/-a	U9_2A
recuerdo *m*	U4_10A
recuerdos *m, pl*	U5_2A
recurso comunicativo *m*	U1_CON
recurso gramatical *m*	U1_CON
recurso léxico *m*	U1_CON
recurso *m*	U1_GR
Recursos Humanos *m, pl*	U3_12B
reducido/-a	U6_2A
reducirse *(zc)*	U3_12A
referirse *(ie)* a	U6_GR
reforzar *(ue)*	U7_GR
refresco *m*	U7_2A
refugio *m*	U6_12A
regalo *m*	U5_12B
región *f*	U6_3A
regla *f*	U1_9
regular	U1_CON
regularmente	U9_2A
rehabilitar	U4_10A
reina *f*	U8_2A
reinterpretar	U8_3A
relación *f*	U3_2B
relación *f*	U9_11A
relacionado/-a	U2_GR
relacionar	U1_9
relaciones *f* pl	U3_CON
relajación *f*	U6_4A
relajarse	U6_4A
relatar	U8_3A
relativo/-a	U9_3B
reloj *m*	U9_3B
remedio *m*	U9_1A
remo *m*	U9_2A
Renacimiento *m*	U6_2A
renovar	U2_11A
repartidor/-a de pizzas a domicilio	U4_2B

repetir (i)	U1_6C	saber	U1_3A
repetitivo/-a	U1_3A	sabor m	U7_2A
reposar	U9_8A	sacar	U7_4A
resecar	U9_2A	sal f	U7_4A
reserva biológica f	U8_1A	sala de juego f	U4_2A
reserva natural f	U8_12A	sala f	U4_10A
reservar	U7_4A	sala f	U6_2A
resfriado m	U9_1A	salida f	U3_4A
residencia de	U4_6A	salir	U1_3A
estudiantes f		salir	U2_1
residencia	U4_6A	salir a la pizarra	U1_GR
universitaria f		salir al mercado	U2_2A
respirar	U9_3B	salir caro	U4_6A
responder	U1_3A	salir con alguien	U3_GR
responsable	U9_7A	salir de noche	U6_3A
restaurante m	U3_12B	salón m	U4_2A
restaurante	U8_9A	salón-comedor m	U4_2A
vegetariano m		salsa f	U9_13A
resultado m	U7_5A	salud f	U7_3A
resultar	U3_GR	saludarse	U5_12B
retener (ie)	U1_9	saludo m	U5_CON
reunirse	U4_8C	¡saludos!	U5_GR
revista f	U1_6C	salvaje	U6_12A
revolución f	U2_8B	sano/-a	U7_3A
revolucionario/-a	U2_8B	sartén f	U7_4A
revolver (ue)	U7_4A	secar	U8_12A
rico/-a	U9_1A	secretario/-a	U3_2B
rico/-a	U7_6C	sede f	U8_2A
ridículo/-a	U1_3A	seguir (i)	U7_12A
rincón m	U1_4A	seguir (i)	U6_6A
rizado/-a	U3_2B	según	U7_3A
rodaje m	U2_3A	segundo/-a	U2_3A
rodar	U2_3B	seguramente	U7_12A
rodilla f	U9_2A	seguro/-a	U9_3B
rojo/-a	U3_3C	¿seguro?	U3_9A
rollo m	U8_GR	selección española	U2_2A
ropa f	U6_9A	de fútbol f	
rosa m	U8_12A	selva f	U8_1B
rubio/-a	U3_2B	semana f	U2_5A
ruido m	U5_8B	Semana Santa f	U5_13A
ruidoso/-a	U4_4B	semilla f	U7_4A
ruina maya f	U8_12A	sencillo/-a	U7_5A
rumano m	U1_1	senderismo m	U6_12A
Rusia	U2_5A	sentado/-a	U5_9
ruso/-a	U9_GR	sentimiento m	U1_CON
ruta f	U8_6A	sentirlo mucho	U5_8A
		sentirse (ie)	U1_CON
S		sentirse (ie) bien/mal	U1_3A
sábado m	U5_8A		

sentirse (ie)	U1_3A	situación f	U1_8A
inseguro/-a		situar	U2_3A
señor/a	U5_4A	sobao m	U7_12A
separarse	U3_12B	sobrasada f	U7_12A
séptimo/-a	U2_1	sobre	U1_11A
ser	U1_3A	sobre todo	U5_13A
ser bueno/-a para	U9_1B	sobrino/-a	U3_1B
ser necesario	U7_5A	social	U2_8B
ser posible	U8_12A	soda f	U8_1A
ser tímido/-a	U1_3A	sofá m	U4_3A
serie f	U2_11A	soja f	U7_3A
serio/-a	U3_2B	sol m	U3_5A
servicio m	U6_2A	Sol m	U8_12A
servir (i)	U3_GR	soleado/-a	U5_13A
servir (i) (vino)	U7_10C	soler (ue)	U3_GR
servir (i) para	U2_GR	solo	U1_4A
sesión f	U6_2A	solo/-a	U1_9
sesión matinal f	U6_2A	soltero/-a	U3_2B
sexo m	U3_12A	sombrero m	U3_GR
si	U1_9	sonar (ue) bien	U6_6A
sí	U3_3C	sonido m	U8_3A
sí mismo/-a	U8_6C	sonreír	U9_3B
si no	U1_9	sonrisa f	U3_6C
¿sí?	U1_7B	sopa f	U7_7B
siempre	U1_8C	soportar	U3_5A
sierra f	U4_9B	sostenible	U7_8A
siglo m	U2_3A	spa m	U6_4A
significado m	U9_GR	su	U1_1A
significar	U8_12A	subjetivo/-a	U9_GR
signo m	U9_3B	submarinismo m	U6_6A
siguiente	U2_3A	subtitulado/-a	U6_2A
silla f	U4_7A	subtítulos m, pl	U6_2A
sillón m	U4_3A	sucio/-a	U5_12B
símbolo m	U8_2A	Sudamérica	U2_8B
simpático/-a	U3_2B	Suecia	U1_4A
simular	U5_CON	sueco/-a	U1_4A
sin	U4_2A	sueldo m	U2_5A
sin embargo	U1_4A	suelo m	U4_4A
sin palabras	U9_3B	sueño m	U3_12B
sincero/-a	U9_3B	suficiente	U7_11C
singular m	U1_GR	súper	U5_10A
sino	U1_4A	superar	U2_1
sinónimo m	U6_2A	superinteresante	U8_11A
sintético/-a	U2_1	superioridad f	U4_6B
síntoma f	U9_CON	supermercado m	U5_12B
sistema m	U6_12A	supersimpático/-a	U3_7A
sitio m	U8_2A	Surrealismo m	U6_2A
situación	U3_2B	sushi m	U7_9A
económica f		suspense m	U2_3A

sustantivo *m*	U3_CON
sustituir	U7_GR
suyo/-a	U3_GR

T

tablao flamenco *m*	U6_2A
táctil	U1_9
taichi *m*	U9_13A
taller *m*	U6_2A
también	U1_3A
tampoco	U1_3B
tan	U1_9
tanto (tan)/-a	U4_6A
tanto/-a (tan)	U4_GR
… como	
tapa *f*	U5_13A
tapar	U9_8A
taquillero/-a	U2_11A
tarde	U1_4A
tarde *f*	U1_4A
tarjeta de crédito *f*	U5_12B
tarta *f*	U7_9A
taza *f*	U7_11C
té *m*	U9_1B
teatro *m*	U6_3A
techo *m*	U4_10A
tela *f*	U4_3A
tele *f*	U1_7A
televisión *f*	U1_8B
tema *m*	U2_3A
tema *m*	U8_3A
templo *m*	U8_6A
temporal	U5_4B
temprano	U1_4A
tenedor *m*	U7_4A
tener *(ie)*	U1_2A
tener *(ie)* sed	U5_9
tener … años	U1_4A
tener calor	U9_10A
tener ganas	U2_11A
tener hambre	U7_1A
tener hijos	U2_10A
tener hora	U5_10B
tener la	U9_3B
impresión de	
tener la seguridad	U7_12A
tener mala cara	U9_GR
tener prisa	U5_10A
tener sueño	U9_10A

tenis *m*	U9_4A
teñido/-a	U3_GR
teoría *f*	U8_12A
terminación *f*	U2_GR
terminar	U2_3A
terraza *f*	U4_2A
terrible	U8_10A
test de nivel *m*	U1_2A
texto *m*	U1_2A
thriller psicológico *m*	U2_11A
ti	U2_11A
tibio/-a	U9_GR
tiburón *m*	U6_6A
tiempo libre *m*	U1_2A
tiempo *m*	U3_7A
tiempo *m*	U1_4A
tienda *f*	U3_12B
tierra *f*	U2_4A
tío/-a	U3_1B
típico/-a	U3_5A
tipo de	U1_9
tipo *m*	U3_12B
tiramisú *m*	U7_11B
tirar	U5_2A
tobillo *m*	U9_4A
tocar	U9_3B
tocar la batería	U5_5
tocar la guitarra	U5_1A
tocar un	U6_8A
instrumento	
todavía	U1_4A
todo el día	U5_13A
todo el tiempo	U9_3B
todo un (+ adjetivo)	U6_2A
todo/-a	U1_3A
todos/-as	U1_11A
tofu *m*	U7_3A
tomar	U5_7A
tomar	U6_4A
tomar algo	U5_8B
tomar el sol	U6_6A
tomar notas	U1_9
tomar un café	U1_7A
tomarse unas	U9_12A
vacaciones	
tomate *m*	U7_2A
tomate *m*	U7_GR
tomillo *m*	U9_1A
tonalidad *f*	U8_12A

tónico *m*	U9_1A
tonificar	U9_13A
tortilla de patata *f*	U7_6A
tortilla *f*	U7_GR
tos *f*	U9_1A
tostada *f*	U8_GR
totalmente	U2_8B
trabajar	U1_2A
trabajo *m*	U1_1A
tradicional	U7_12A
traducción *f*	U2_6A
traducir *(zc)*	U1_2A
traductor/a	U9_7A
tranquilo/-a	U3_2B
transmitir	U9_3B
trapecista *m/f*	U2_4A
tras	U3_12B
trasladarse	U1_5
trastero *m*	U4_2A
tratamiento *m*	U6_4A
tratar	U2_3A
trazo *m*	U6_2A
tren *m*	U5_4A
tres menos cuarto	U6_5A
trilogía *f*	U2_2A
triste	U9_3B
trozo *m*	U7_1A
truco *m*	U7_6A
tu	U1_2A
tú	U1_2C
tumbado/-a	U9_GR
túnel *m*	U8_2A
Turismo *m*	U3_2B
turístico/-a	U8_6A
turno *m*	U5_12B
turrón *m*	U7_12A
tuyo/-a	U3_GR

U

ubicación *f*	U8_12A
ubicar	U4_CON
UE	U3_12A
últimamente	U2_5A
último/-a	U2_11A
un momento	U5_10B
un poco	U1_GR
un poco de	U1_2D
un rato antes	U7_6B
un/-a	U1_1B

únicamente	U9_GR
único/-a	U4_10A
unidad *f*	U7_8B
universidad *f*	U2_3A
uno/-a mismo/-a	U7_10C
uña *f*	U9_2A
urgentemente	U5_12B
Uruguay	U3_7A
usado/-a	U9_1A
usar	U1_7B
uso *m*	U1_9
usted	U5_2A
útil	U1_7B
utilizado/-a	U7_3A
utilizar	U1_6C

V

V.O. (versión original) *f*	U6_2A
vacaciones *f, pl*	U1_8B
vacuna *f*	U2_1
valenciano/-a	U3_12B
valer la pena	U7_12A
valoración *f*	U7_GR
valorar	U3_GR
vanguardista	U8_2A
vaqueros *m, pl*	U3_4A
variado/-a	U1_11A
varias veces	U9_3B
varios/-as	U2_3A
vasco/-a	U8_2A
vaso *m*	U9_6B
vecino/-a	U3_GR
vegano/-a	U7_3A
vegetarianismo *m*	U7_3A
vegetariano/-a	U7_3A
vela *f*	U6_12A
vender	U5_10A
Venezuela	U4_10A
venga	U5_2A
venganza *f*	U6_2A
venir	U2_GR
ventana *f*	U4_4A
ventanal *m*	U4_10A
ver	U3_7A
ver la tele	U1_4A
ver la televisión	U5_5
ver películas	U1_6C
verano *m*	U2_4A

verbo irregular *m*	U1_6A
verbo *m*	U3_7B
verbo pronominal *m*	U1_GR
verbo reflexivo *m*	U1_CON
verbo regular *m*	U2_4B
verdad *f*	U1_4A
verde	U3_2B
verdura *f*	U7_1A
verse	U5_1B
verse obligado/-a	U8_3A
versión original *f*	U1_7A
vestido *m*	U3_3C
vestirse	U4_8C
vez *f*	U1_6C
viajar	U1_4A
viaje *m*	U2_2A
vida cotidiana *f*	U4_10A
vida *f*	U1_4A
vida profesional *f*	U2_11A
vídeo *m*	U1_9
viejo/-a	U6_6A
viento *m*	U8_2A
vientre *m*	U9_4A
viernes *m*	U6_2A
Viernes Santo *m*	U6_2A
vincular	U6_GR
vino *m*	U7_8A
visitado/-a	U4_10A
visitante *m/f*	U6_2A
visitar	U2_4A
víspera *f*	U6_2A
vistas *f, pl*	U4_2A
visual	U1_9
vitamina C *f*	U9_2A
viudo/-a	U3_GR
vivido/-a	U4_10A
vivienda *f*	U4_9C
vivir	U1_1B
vivir juntos	U3_12B
vocabulario *m*	U1_2A
volar *(ue)*	U5_4A
volcánico/-a	U6_12A
volver *(ue)*	U1_4A
volver a	U1_4A
vuelo *m*	U8_6A
vuelta *m*	U7_8A
vuestro/-a	U3_GR

W

windsurf *m*	U6_12A

Y

ya	U1_GR
ya que	U7_5A
yo	U1_1B
yoga *m*	U9_4A
yogur *m*	U7_1A
yogur natural *m*	U9_8A

Z

zanahoria *f*	U9_2A
zona *f*	U2_8B
zumba *f*	U9_13A
zumo de naranja *m*	U5_10A
zumo *m*	U7_4A